平和基本法

9条で政治を変える

フォーラム平和・人権・環境＝編

執筆——前田哲男（軍事問題）・児玉克哉（平和学）
吉岡達也（ピースボート）・飯島滋明（憲法学）

高文研

もくじ

Ⅰ なぜ、いま平和基本法なのか

Ⅲ　ここが知りたい平和基本法案Q＆A

装丁　商業デザインセンター・松田礼一

本文写真「自然公園にて」梅田正己

I

なぜ、いま 平和基本法 なのか

世界は変わり始めている

いかなる時代を、私たちは生きているのか？　二一世紀最初の一〇年が過ぎようとしているいま、世界と日本はどんな鼓動をつたえているのだろうか？

憲法９条の理念を「平和基本法」に具現化する、このテーマを考えるにあたり、まず、「日本と世界の今」の点検から始めましょう。そうすれば、国際社会における日本国憲法の位置と意義、わけても「９条理念」の今日性が、おのずと浮かびあがってくるにちがいないからです。憲法９条２項に「陸海空軍その他の戦力は、これを保持しない」「国の交戦権は、これを認めない」――こう宣言した「９条の下の平和主義」を実現させるのに、日本と世界をつつむ国際社会の大きな潮流を抜きにすることはできません。

それを見ていくと、日本国憲法が、空想的でも、古くさいものでもないことが明らかになってきます。いや、時代が憲法に追いついた、そう感じられます。求められているのは改憲ではない。そうではなく護憲論理の再確立、すなわち「護《まも》る・変えさせない」護憲の地点から、「具現化する・使う」憲法活用のありかたへと脱皮し、「９条政策」として発信する努力、そのうえで真に世界に誇れる、名分《めいぶん》と実体をそなえた「国際基準を先取りする憲法」へとみがきあげていく、そこに向けた力の結集こそが求められていることが理解されます。そのためにも、日本と世界の鼓動を聞くことが必要です。

国内・国外のいくつかの動きを見ておくと——

二〇〇七年から八年にかけて、日本の政治は「歴史的変化への胎動」の予感とともに始まりました。五年半つづいた「小泉劇場」が幕を閉じ、「安倍・美しい国」路線と「福田・国民の目線」内閣が、二代つづけて、わずか一年で破綻したあとの、「自民党政治の末期症状」のすがたを、私たちは目のあたりにしています。〇七年参議院議員選挙における与党勢力の大敗をうけ、国会審議のありようが劇的に変化しました。「テロ特措法延長」「消えた年金」「薬害肝炎」「ガソリン暫定税率」……。失われた政治を追及する一連の論戦は、立法府に本来の機能がよみがえったさまを示しました。生活と政治、民意と国政の距離がこれほど小さくなったことは、ひさびさのことです。そのことは同時に、衆議院でも同じことが起きれば、日本政治の構造全体を逆転させうることの現実性を示しています。内閣総理大臣は、最終的に衆議院の議決により指名されるからです。

他方、日本といちばん関係のふかい国際政治の場、アメリカの政局にも大きな変革のきざしが生じています。「イラク戦争」開戦から五年半。泥沼化するばかりの現地情勢は、ガソリン価格の高騰という余波をもともないながら、ブッシュ政権の「軍事先制主義」に対する批判、政権支持率の長期低落となって、ひろく市民に共有され始めました。イラク占領継続か、それとも撤兵開始か――次期大統領選挙をめぐる最大の争点は、「9・11事件」後つづいた「テロとの戦い」第一の安全保障を、いかに見直すかにしぼられつつあります。民主・共和どちらの候補が勝つにせよ、結果は当然、外交政策の変更につながらざるを得ない――それは日本にとって、「日米同盟」の名のもと、ここ一〇年以上にわたってすすめられてきた「安保再定義」路線と「米軍基地再編計画」に、またとない変更の機会が訪れることを意味します。日米ほぼ同時期の政権交代を利用して、日米関係に「憲法イニシアチブ」をもちこむ好機につなげることができるのです。総選挙で「直近の民意」が示されれば、それは強力な外交カードになります。スペインやイタリアがイラク派兵から撤収するきっかけとなったのは、総選挙による政権交代でした。

さらに目を見ひらけば、「安全保障」そのものについての関心が、「地球環境」「エネルギー」「食糧」「水」問題など、「敵のない脅威」に移りつつある世界的な状況も視野にはいってきます。もはや「安全保障＝軍事力＝勢力均衡」の関係式で国際関係を語ることはできません。「地球ぐるみの大気と水」「人類全体の胃袋」をどうするか、という課題が問われる時代になったのです。さる〇八年七月に開かれた「洞爺湖《とうやこ》サミット」でいちばん長時間討議された議題が「地球温暖化」と「世界的な食糧危機」にどう対処するか、にあった事実が、それを明らかにしています。もはやイデオロギー対立や軍事力誇示ではなく、「空気と食べ物と水」が主要国首脳の関心事となったのです。

国際社会における「安全保障のとらえ方」が変化しつつあるさまは、のちに見ることとして、とりあえず、ＥＵ（欧州連合）や国連専門機関では、国境をこえた「共通の安全保障」、さらには国家をもこえる「人間の安全保障」が中心的課題となりつつあるという国際潮流を確認しておきましょう。

ならば、そのような時代に向ける日本の憲法メッセージ――

「日本国民は……平和を愛する諸国民の公正と信義に信頼して、われらの生存と安全を保持しようと決意した」

「われらは、全世界の国民がひとしく恐怖と欠乏から免れ、平和のうちに生存する権利を有することを確認する」(いずれも憲法前文)

これらのことばを時代の流れから引きだすのは、飛躍でもなんでもない。「洞爺湖サミット」の議長声明を実行するのは、つまるところ、この原則の政策化に尽きます。

9条に命を吹き込む

このように、内外ともに政治の地殻変動はすぐ前に迫り、安全保障の考え方じたいが変わりつつあります。いま出番を求められているのは、二一世紀にふさわしい憲法観の「刷新と転換」であり、そこに向けて舵《かじ》取りができる政治の針路設定と政策提起のはずです。

これら「変化への胎動」は、もういちど日本国憲法前文から引用すれば、

「日本国民は、正当に選挙された国会における代表者を通じて行動し……政府の行為に

よって再び戦争の惨禍が起こることのないようにすることを決意し、ここに主権が国民に存することを宣言し、この憲法を確定する」

この国民主権と平和主義の原則を、国際・国内政治に反映させるまたとない機会でしょう。世論に脈うつ「変化への期待」を、「現実のかたち」にして世に送り出すには、なにもまして、国内世論、国際情勢をふまえつつ、自民党政治に替わる政権樹立における政策準備をいそぐことです。そこには、言うまでもなく、新政権がよって立つ「共通の結集軸」と「対抗構想」が用意されていなければなりません。

とりわけ、もっとも基本的かつ緊急の課題は、「憲法9条維持のもとで、いかなる安全保障政策が可能か」という設問に答えうる、説得的で建設的な政策の提起でしょう。「9条に命を吹きこむ」、それこそ来《きた》るべき政権に課せられた大いなる命題です。それはまた、護憲勢力が、たんに批判者でなく「政策実行者」として取り組まなければならない課題ともなります。「前文理念」と「9条規範」。それを日本の安全保障政策に具体的に示しながら、その基本姿勢を国際社会に「わが国の姿勢と役割」として打ち出していく——そのことが、いま切実に求められているのです。

それに応《こた》えられなければ、政治の枠組み変化も、実体のともなわない、数あわせだけの「政界再編」に終わるしかありません。そうなりかねない情勢もあります。だからこそ、ここで日本国民の護憲民意にしっかり立脚したうえで、日本の安全保障政策に平和憲法の実質を注入し、堅実でゆるぎない対抗構想を提起することが希求されているのです。

〝護憲の論理〟を転換、「積極的護憲」へ

私たちは、憲法9条のもとで、すでに六〇年以上をすごしてきました。この平和主義の精神に共鳴する人は多く、9条支持の民意は、各種世論調査の数字によっても明確に裏づけられます。日本国憲法9条が歴史的な意義を持つばかりでなく、じっさいにも国民から大きな支持を受けていることに疑問の余地はありません。〝改憲メディア〟の最大勢力であった読売新聞が二〇〇八年の憲法記念日前に実施した世論調査の結果として、「改憲反対が賛成を上回る」と報じたのは、そのことを象徴的に示しています。記事（4月8日付）は、こう述べています。

「一九八一年から実施している『憲法』世論調査では九三年以降、一貫して改正派が非改正派を上回っていた。しかし今回は改正派が昨年より3・7ポイント減る一方、非改正派が4・7ポイント増え、これが逆転した。安倍内閣の突然の退陣や、ねじれ国会での政治の停滞が影響したと見られる」

一方、朝日新聞調査（08年5月3日付）によれば、「憲法9条を『変えない方がよい』との回答が六六％にのぼり、『変える方がよい』の二三％を大きく上回った」となっています。

憲法支持、とりわけ9条維持の民意は動かしがたい。改憲に賛成する人でも、9条に関しては「維持」が多数、三分の二まで占めているのです。

とはいえ、9条維持で現実に安全保障への対応ができるのか、と問いかけられると、ひるむ人も少なくないでしょう。「9条は空想的平和論ではないのか？」、あるいは、「ならば9条の理念と目標を、どのように現実政治に反映させるか？」というきびしい質問に、残念ながらこれまで護憲を主張してきた側が、きちんと答えてきたとは思えません。また、9条擁護を主張する側に、この問いかけに答える政策、ないし具体的方針が準備されてきたかといえば、現状では「ノー」といわざるをえないのです。護憲勢力の主張は、いぜん「護《まも》れ！」「変えるな！」の域にとどまったまま、といっていいでしょう。

もとより思想や信条をつらぬくことは大事であり、尊敬にあたいします。「総論における抵抗」も、憲法改正が現実の政治課題であった時期には必要でした。けれども、こんにちのような政治状況を迎えたとなれば、対応を変えなければなりません。確信と信念だけでなく、現実政治の展開に向けた「9条にもとづく安全保障政策」を結集軸としてよびかけ、国民・有権者の前に提示しなければ説得力を持ちえません。護憲論理の刷新と転換――「積極的護憲」への脱皮が求められているのです。

その意味から、実体ある「政権交代」を望むなら、これまでの「9条解釈論＝自衛隊違憲＝改憲反対」から一歩すすんだ段階、すなわち「9条政策＝自衛隊改革＝憲法具現化」のみちすじをつくりあげることが課題となります。当然、そこでは9条理念を実現していく具体的なステップ、いいかえると「あるべき安全保障のかたち」と同時に、「そこにいたる現状変革の条件・過程・優先度」などが明示されなければなりません。それが「積極的護憲」の核心部分です。9条を具体的な政策に反映させ、日本の政治と社会に具現化させていく、そのような「憲法の活《い》かしかた」の姿勢がもとめられます。

9条を具現化した政策を明示する

たとえば、新政権が成立したとして、すぐに直面することとして以下のような課題が想定されます。こうした課題にどう対処するか、それがすぐに対応できる政策のかたちで共有されていないと、結局はこれまでの日本の外交・安全保障政策を引きずってしまう可能性が高いのです。

▼自衛隊の海外派遣――自衛隊イラク派遣後、日本は実質的な「海外派兵国」となりました。インド洋やイラク派遣のような形での海外派兵は中止されるべきだと思います。では、カンボジアＰＫＯ以後行なわれてきた「国連平和維持活動」（ＰＫＯ）や国際人道救援活動はどうなのか。そうしたことからも手を引いてしまうのでしょうか。

そうでないとしたら、国連および国際社会に対し、「自衛隊の部隊派遣」にかえて、いかなる新組織や活動によって「9条にもとづく国際貢献」を実行していくと約束するのか？

それに対する答えが示されなければなりません。

▼日米軍事協力の新段階――冷戦後の日米関係は、「安保体制」にも大きな変化を生じさせました。九七年に合意された安保指針「新ガイドライン」によって、日米の軍事協力は、それまでの「日本防衛・基地提供型」から「周辺事態・海外派兵型」へと変貌しました。また、目下進行中の「在日米軍再編計画」において、日米軍事一体化がいっそう進展し「基地と地域」にも新たな問題を生んでいます。「再編経費三兆円」は日本側の負担とされ、ほかにも「思いやり予算」という不可解な支出が、毎年二〇〇〇億円以上も支払われています。

では、日米安保条約を即時廃棄すべきなのでしょうか。それを国民多数が望むのだろうか。即時廃棄でないとしたら、日米関係から軍事協力分野を徐々に解消しながら、米軍基地の縮小・撤廃をめざし、かつ両国関係を友好的に保ちつつ新段階に移しかえていくシナリオをどのように描いて、世論の支持を基盤に実現していくのでしょうか？

▼自衛隊そのものの問題――そしてなにより、自衛隊の存在をどう考えるのかが大きな課題です。「即時解体」はだれの目にも不可能ですし、望まれてもいません。ならば全面的に引き継ぐのか？　それはあり得ない。だとすると、まずは海外派兵と日米安保協力に代表される「9条から逸脱した」自衛隊の実態の是正から着手し、以降、どのような方法

とプロセスで「憲法の指示」の方向に位置づけていくかを提案しなければなりません。「９条のゴール」に向かう説得力ある政策が提示できるかどうか、それがキーポイントになります。

▼国際テロリズムという脅威――一九九〇年代初頭の「冷戦終結」以降、世界の安全保障環境は構造的に変化しました。東西二極支配と全面核戦争の脅威が低下した反面、核兵器の保有国増加と地域的拡散はなおつづき、くわえて国際テロリズムという現象、すなわち、国境をまたぐ組織的・集団的暴力が国際関係をおびやかしています。日本も、その圏外に生きることができないのは明白です。これらの脅威から国民の「安全と安心」をはかるのに、日本だけが「非武装中立政策」をとることはできないでしょう。対米依存外交から離脱するのなら、それに代わる措置、たとえば「国際刑事裁判所（ＩＣＣ）」などによる国際司法を確立したり、周辺諸国とのあいだの海上保安協力の推進など、日本が新体制構築を提案できるかが問われるでしょう。

これらただちに直面する課題について、ただちに実行可能な対抗構想と、それにもとづく政策群――「もう一つの選択肢」を、前もって準備し、有権者に「目に見えるオールタ

ナティブ（選択肢）」として示しておかなければなりません。そのためには「9条の理念」を永遠の真理として説くのではなく、「明日の政策」のかたちにしてかかげることが必須《ひっす》の条件になります。現実を見すえた憲法の語り口、すなわち、護憲の論理を従来の「9条を守る＝条文を変えさせない＝最低必要条件」の総論次元から、「9条を活《い》かす＝政策化する＝公約実現条件」に発展させ、両者を統合しつつ、9条具現化のゴールに向かう積極的護憲のパターンを組み立てる――そのような9条を土台にした「対抗構想（オールタナティブ）と実施政策（ビジョン）」が準備されていなければなりません。

自衛隊の現状を全面肯定しないのはもちろんであれ、一方、「自民党政治の負の累積」を全面無視できない以上、とりあえず「負の遺産」を相続し、その地点から、9条のめざす方向に組織・任務・装備で「縮小と改編」の自衛隊改革を始める、それが基本姿勢です。その姿勢を有権者に向けた9条政策――「目に見える選択肢」として差しだすことが不可欠になります。

自衛隊の現状が違憲状態にあるとしても、キーボード操作でするように「削除」したり「消去」できるものではありません。大きな方向性をさだめ、具体的な政策を積みかさねることによって一歩一歩改善していく方策が求められます。その困難さは、「肥大化した自衛隊」と「日米安保協力の現実」を考えれば、容易にわかります。六〇年近くにわたり積みあげられた矛盾のかたまりを「一刀両断」で解消する手だてなどありません。時間をかけ、根気づよく「つくりかえ」ていくしかないのです。当然ながら、そこでは「望むことと出来ること」、「為《な》すべきことと為しうること」を弁別する政治的英知が必要になります。それは妥協でも現実追随でもありません。9条実現に向けた出発であり、護憲派の思考力結集がためされる機会でもあります。

「つくりかえ」には一定の時間と手続きを要します。厳密にいえば、ある期間「違憲状態との共存」という状態も避けてとおれません。そこでは9条理念と相いれない時期が存在することになります。9条理念を確認しつつ、「相いれない現実」をより短くするよう民主的な統制と監視のもとで変革していく長期展望、および「現実と妥協する」のではなく、「現実と和解しながら」、現存する既成事実を解消していく中・短期過程の明示が重要となります。

理念に潔癖であろうとするのは大切です。しかし、政治における理念は、堅実で着実な政策の立案と継続、それに対する国民の支持によってはじめて実現されるものです。護憲をさけび、それにより、たとえ条文は守り得たとしても、実態として9条が有名無実、空洞・骨ぬきの文字だけとなったのでは、「憲法を護《まも》った」ことにはなりません。観念的な護憲論で、みずからを「一〇〇パーセントか0《ゼロ》か」、「条文は護ったが、実態はボロボロ」のジレンマに追いこむのではなく、「9条を守る護憲」から「9条を具現化する積極的護憲」へと発展させていく理論と方法の枠組みをつくることが、目前にある「歴史的変化への胎動」を活《い》かす道ではないでしょうか。

そのような、政治と社会を「創《つく》りかえる」政策綱領として、「平和基本法」は提案されます。

憲法理念を現実に架橋する「平和基本法」

「平和基本法」は、憲法理念と現実状況に「橋を架《か》ける」試みです。

最大の眼目は、以下の点にあります。すなわち第一の柱は、憲法前文と9条に関して、これまで「内閣の政策」や「国会決議」にとどめられてきた護憲運動の成果（それじたい「9条慣習法」といっていいのですが）、それらを確認し前提にしたうえで、

(1) 安全保障の基本である、「国民生活をさまざまな脅威から守る」ための新たな構想と手法を取りいれて「法律＝基本法」のかたちに集約・確定させ、日本の「安全保障政策の基本法」として方向づける。

(2) 「日本国憲法にもとづく国際協力のかたち」を、近隣諸国および世界に外交・安全保障政策として発信する。

(3) 自衛隊の違憲状態を解消するため、「軍縮政策の実施指針」をさだめ、改編・縮小の方向にすえなおす短期・中期・長期計画を策定する。

といった点が骨格になります。そしてこの平和基本法の下に「個別法」が整備されます。その意味で「平和基本法」は、「憲法前文と9条具現のためのプログラム法」としての意義を持つものです。

これらの措置により、自民党政治において軍事拡大の常套手段となってきた「なし崩し」と「既成事実化」による「解釈改憲」の手法と完全に訣別できます。

平和基本法に盛りこまれる基本政策としては、以下の原則があげられるでしょう。

❶ 非核三原則――「核兵器を持たず、作らず、持ち込ませず」。一九六七年、佐藤内閣

時代に表明され、七一年、衆議院で議決された核兵器に対する日本の立場の法制化。

❷ **武器輸出三原則**──「死の商人」国家にならないことを宣言した武器輸出に関する基準。佐藤内閣（六七年）と三木内閣（七六年）により約束された原則の法制化。

❸ **宇宙の平和利用限定原則**──一九六九年の国会決議「宇宙の開発及び利用の基準に関する決議」の法制化。

❹ **集団的自衛権（軍事同盟と海外派兵）の禁止**──憲法9条のより明確な具現化。

❺ **攻撃的兵器と軍事戦略の不保持**──9条で禁止された「陸海空軍その他の戦力」と、厳格に「主権侵害行為」排除にのみ限定された国土警備機能の定義。

❻ **文民統制および市民監視の徹底**──自衛隊を縮小・再編していくさいの市民参加原則。オンブズパーソン制度導入などの規定。

❼ **非軍事的国際貢献の積極的推進**──自衛隊再編の過程で生まれる人員・資材・施設を再組織し、武器を持たない「平和待機隊」として、国連平和維持活動および各種の紛争予防活動に役立たせるための規定。

❽ **「人間の安全保障」の具体的展開**──日本の国際安全保障への寄与を、国家の枠組みをこえた紛争原因そのものの除去への努力とすることの規定。

以上の項目は、ある意味では、護憲勢力が戦後六〇年をかけて達成し、または要求しつづけてきた「9条具現化」の成果だと誇っていいでしょう。まがりなりに政府の憲法解釈を拘束してきたのも事実です。とはいえ、それらは法律の規定ではなく、「内閣の政策」にとどまったために、時の政権のいい加減な解釈によって拡大されたり骨ぬきにされてきた経過もみとめなければなりません。たとえば「非核三原則」の「持ち込ませず」は、米原子力艦船の日本寄港に歯止めの役割を果たせなかったし、「宇宙の平和利用限定原則」も、〇八年に成立した「宇宙基本法」により、「専守防衛目的の宇宙利用はできる」とねじ曲げられてしまいました。「集団的自衛権の禁止」にしても、「武力行使は憲法上できないが、武装した自衛隊部隊をインド洋やイラクに派遣するのは合憲」とする政府解釈がまかり通り、福田前首相は、9条のもとでの「派兵恒久法」さえ口にしました。

その意味で、護憲勢力の努力も、政権の裁量により、情勢とともに伸縮できる「中間的な獲得物」の域にとどまっていたのです。しかし「平和基本法」が法制化されるなら、これまで「内閣の政策」であったものを、「非核法」「武器輸出禁止法」「宇宙平和利用法」などとして実質化できるばかりでなく、9条本来の理念を法律のすみずみに反映させることができます。「平和基本法」を施行することで、「テロ特措法」や「イラク特措法」制定に用いられたたぐいの、憲法解釈をねじまげた自衛隊運用は、もはやできなくなることは明白です。

平和基本法の内容――「軍縮プログラム」

一九九一年、ソ連が崩壊し、東西冷戦は終了しました。日本の国内政治でも、長くつづいた自民党単独政権の時代が九三年に終了し、翌九四年には社会党の村山委員長を首班とする連立内閣の成立をみました。そのとき、自衛隊の縮小、平和的改編に期待をよせた人がいたかもしれません。しかし、自衛隊の枠組みにはなんの変化も起こりませんでした。村山政権は、「自衛隊をどうするか」、「日米安保の拡大とどう向きあうか」の対抗構想を明らかにしないまま、革新と保守勢力、数あわせの論理によって発足したからです。

もしもあのとき、「平和基本法」のような政策合意を新政権が手にしていたならば、そしてそれが政権の共通目標になっていたとしたら、日米安保協力をふくめた自衛隊活動を変える方向転換に、あるいは着手できたかもしれない。しかし、村山政権にそのような政策合意の後《うし》ろ楯《だて》はなく、したがって9条を基盤にした安全保障政策への転換を国民に提示できませんでした。結局のところ、自民党政権時代の「自衛隊・安保政策」を追認する選択肢しかなかったのです。あのにがい教訓から学ばなくてはなりません。

二〇〇七年の参議院選挙と、二代続いた自民党「投げ出し政権」のあと、日本の政局は大きく揺れ動いています。近い将来、政権交代、および、新政権に向けた政界再編などさまざまな動きが出てくるにちがいありません。しかし、自民党体制を終了させたとしても、自衛隊を即座に消滅させる――二五万人の首切り――ことは考えられません。また「新ガイドライン」にもとづく日米安保協力に関しても、ただちにアメリカに対し「安保条約廃棄通告」の政策がとれる状況にはないでしょう。だいいち、「即座に・ただちに」を公約やマニフェストにかかげても、有権者に受けいれられるとは――残念ながら――思える状況にはありません。ただ、そのような条件のもとでも、9条具現化に向けた安全保障政策の質と量における「刷新と転換」への出発は可能なはずです。

そこで「平和基本法」にもりこまれる「刷新と転換」の第二の柱は、さきほどあげた箇条書きの「原則規定」にくわえ、自衛隊改革に「時間と規模の数値目標」を設定することにあります。憲法の枠を踏みこえて肥大化した現状を、国民の安全を担保しながら縮減することは、「平和基本法」のいちばん困難で、同時に意欲的な目標です。

自衛隊は、一九五〇年、「警察予備隊」（陸上のみ、七・五万人）の名で創設されて以降、「保安隊」（一九五二年、陸、海で約一一・八万人）の時代をへて、五四年の陸・海・空の三自衛隊に移行したのちも、じりじりと拡大増強（約二二五万人）され、今日にいたりました。

9条との関係も「警察の任務の範囲内＝合憲」（警察予備隊）から「近代戦争遂行能力がない＝合憲」（保安隊）、そして「必要最小限度の自衛力＝合憲」（自衛隊）へとカメレオン的に色合いを変え、国民の目になれさせてきました。一方、その間、日米安保条約が結ばれ（一九五二年）、その後の改定（一九六〇年）で、こんにちのかたちとなり、日米軍事協力の基盤がつくられます。ここにおいても自衛隊と同様、「任務・能力・役割」における変質と拡大がつづきました。ともに六〇年に近い解釈改憲と既成事実の積みかさねの結果、いまの「防衛省自衛隊」、「新ガイドライン安保」、そして「海をわたる部隊派遣」にいたったのです。たえず「憲法違反」の批判が投げかけられ、世論を二分する論争は交わされたものの、憲法曲解、無視の流れを止めることはできませんでした。

「平和基本法」を制定することにより、肥大化に逆転の歯止めがかけられ、軍縮の方向に据えかえることができます。自衛隊の任務・編成・装備の全面にわたる洗いなおしがなされ、規模・過程・優先度を明記した「軍縮のガイドライン」が示されます。したがって「平和基本法」は、「軍縮プログラム」、そして「平和憲法的安全保障の建設計画」と呼べるでしょう。

数値目標への進みぐあいは、日本周辺の安全保障環境や国民の平和構築に向ける意欲、また日米関係はじめ国際情勢によって規定される「見つもり困難な領域」なので、その期限や進行速度まで、「基本法」という法律にこまかく定めるのは無理ですが、それでも大きな枠組みや年度計画および中期・長期目標を設定し、到達点をはっきりさせることはできます。「(肥大化を)止める・(現状から)Uターンする・(9条に向かって)走りだす」三段階——すなわち「平和憲法の創造的展開」が「平和基本法」の根幹となる部分です。

過渡期をつなぐ「最小限防御力」

「平和基本法」には、過渡的時期、つまり現状を「違憲状態から脱却させる」前提として、自衛権行使のかたちを限定的なものとすることが規定されます。政権交代後も、なお存在する自衛隊の任務と行動を、とりあえず厳格に管理統制する措置をとりながら、そのもとで全面的な改編――「再編・縮小・別組織への転換」をうながす作業に向けた準備段階です。

政権交代でバトンを引きついだすぐあと、まだ全力走行に移れない段階で、いきなり「自衛隊全廃」に踏みきれる現実性はありません。二五万人以上の強力な武器を保有する集団を、またたくまに解体するなど、物理的にも不可能なことです。また自衛隊の組織と予算が、毎年国会で合法的に決定されてきた事実も無視しえない要素でしょう。国民がえらんだ国会が承認したのだから、世論が即時解体を望んでいるとも思えません。そこで「平和基本法」では、自衛隊の一部は、純粋な国土警備能力、「主権侵害行為に対処する最小限防御《ぼうぎょ》力」と再規定されたうえで、暫定的に維持されることになります。「任務規定」および「保持の限度」を明確にした、「自衛隊法」に代わる新規立法によって規制していくのです。

「最小限防御力」をしばらく保持する理由に、日本周辺諸国との関係、安全保障環境の再構築に要する時間の問題もあります。日本に対する現実の侵略脅威があるとは思えません。毎年の『防衛白書』も「わが国に対する本格的な侵略事態が生起する可能性は低下する一方」（〇七年度版）と、そのことをみとめています。とはいえ、冷戦期に発する対立の残影——たとえば朝鮮戦争がまだ「休戦状態」にある状況や日朝の国交不正常から生じる問題、中国と台湾の「国家分断」——などが、日本周辺に残っている事実も無視できません。国民に不安を与えるできごとの多くも、そこに原因があります。

そうしたなか、日本はまず、「自衛隊の再編・縮小」措置によって、いわば「一方的軍縮」に着手するのです。そのうえで、間断ない対話と外交交渉により、近隣諸国との「信頼醸成」、「紛争の予防と平和構築」をはかりつつ、脅威を顕在化させない東北アジアの安全保障環境づくりに努力をかたむけます。ただ、そうであっても、日本の「一方的軍縮措置」を「東北アジア相互軍縮の流れ」に定着させるには、最低でも五〜一〇年の期間を見ておかなくてはならないでしょう。それまでのあいだ、領土・領海・領空を警備する能力をまったく持たないではすまない。

「平和基本法」では、現在、自衛隊の任務とされている領土・領海・領空の警備任務は、改編された「国土警備隊」がになうものとします。「国土警備隊」は、ただ日本国土に対する「主権侵害行為を排除する」機能——「最小限防御力」のみに限定されます。

ここにいう「最小限防御力」とは、自民党政権が自衛隊肥大化の口実としてきた「必要最小限度の自衛力」とはまったく異質のものです。そのことはいくらでも強調しておく必要があります。最小限防衛力は、すなわち「最小限拒否力」でもあります。あくまで9条2項に明記された「陸海空軍その他の戦力」にいたらない範囲にとどめるため、「交戦権の禁止」はもちろんのこと、保有する実力も「渡洋能力のない」装備にかぎられます。

つまり「戦力にいたらず」、「交戦権をもたず」、「構造的に攻撃力のない（外国まで行って攻撃する能力をもたない）」実力です。日本のように四面海にかこまれた島国の場合、かなりのところまで、そうした「ハリネズミ型」（構造的攻撃不能力型）の最小限防御力をデザインできます。

やや具体的に示すなら、それは海上保安庁の規模よりやや大きい「沿岸警備隊」（コーストガード）と、「コンスタブラリー」（Constabulary＝「保安隊」もしくは「警察隊」と呼ばれる非軍隊）のあたりが、「最小限防御力」の規模と機能の限界となります。攻撃的な武器を排除して「非攻撃的防衛」の発想に立ち、装備・能力は、島国日本の「領土・領海・領空の防衛」に限定した、したがって海を渡ることのできない「目に見える専守防衛」を基盤とします。日本がかかえるかもしれない脅威とは、大規模な侵略行為の可能性ではなく、工作船によるスパイ活動や小規模のテログループによる破壊活動でしょう。こうした「起こりうる危険」に迅速に効果的に対応できる態勢は、残念なことですが、しばらくのあいだ必要です。「国土警備隊」は、あくまで「あるかもしれない」脅威に対応する「最小限阻止＝拒否能力」なのです。

以上おおまかに見たように、「平和基本法」は、けっして自衛隊を現状のまま追認したり引きつごうというものではありません。反対に、安全保障の考えかたを「諸国民の公正と信義に信頼」することや「全世界の国民が等しく恐怖と欠乏から免れ」る方向に転換させ、日本国憲法の精神にそった安全保障のありかたへとすえなおす架橋として立つ――その出発の合図として位置づけられます。ひとことでいえば、「憲法再生のための対抗構想」であり「9条具現化のマニフェスト」です。

「安全保障」とはなにか？

しかし一方で、この「平和基本法」の構想について、改憲派からは、現実無視だ、これでは国民の安全と安心は確保できない、といった批判がなされるでしょう。「日米同盟」のもと、「対立と威嚇」型軍事安全保障にならされてきた人びとからも、「平和基本法」のかかげる安全保障政策は、あまりに理想的で現実を見ていないという批判が出るかもしれません。

たしかに「平和基本法」は、軍事型安全保障や同盟依存との訣別《けつべつ》をめざすものですから、「それでも、万一……」という人からは、「安心できない」という反論があるでしょう。しかし私たちは、「平和基本法」にそった安全保障の未来形のほうが、「脅威と危険」から国民を守ることにつながる、よりたしかな方法だと確信します。「平和基本法」は、けっして「平和憲法に合わせるため」に、国民の安全を犠牲にするものではありません。また、実験でもありません。これは、国民の安全に真剣に向きあい、ありうる脅威から国民を守りながら、平和憲法を維持しつつ広げていくための安全保障のこころみです。「現実との妥協」ではなく、「現実と和解」しながら「未来を先取り」する平和政策の展開です。

ここで、原点にもどって「安全保障とはなにか」について考えてみましょう。

安全保障とはなにか？　いろいろな定義が可能ですが、いちおう「安全保障とは、国民生活をさまざまな脅威から守ること」とします（これは実は一九八〇年、自民党大平内閣によってなされた定義です）。そうすると、食糧もエネルギーも「国民生活を守る」ことと不可分であるがゆえに「安全保障の領域」にはいってきます。じじつ「食糧安全保障」や

「エネルギー安全保障」という言いかたが日常的に使われます。そしていまや、環境保護さえ「地球温暖化」の警告とともに、安全保障の一環として受けとめられています、そのことは、最初に見た「洞爺湖《とうやこ》サミット」の議長声明にもあるとおりです。

たしかに「軍事力による国防」は、長いあいだ伝統的で一般的な〝安全保障のかたち〟でありました。しかし、安全保障の意味が「地球温暖化防止」にまで拡大されて論じられるようになると、そこに軍事力が果たす役割はもはや考えられそうにはありません。地球という単一の環境、人類という単一の種には、もともと「敵」など存在しないからです。「人類そのもの」は、(対UFOはべつとして)戦争をなしえません。「オゾン層の消滅」や「温暖化ガスの増加」に対して、どのような「戦争」や「軍事的防衛」が可能でしょうか？　二一世紀における安全保障とは何か？　私たちは、かつてない命題を突きつけられているのです。

さらにまた、軍事力に依存する伝統型の安全保障は、つねに「ジレンマ」と「逆機能」につきまとわれることも知っておかなければなりません。

第一は、軍事安全保障のもとでの「わが国民の安心と安全」、それが近隣国にとっては、逆に「脅威と不安のシグナル」と受信されてしまう「安全保障のジレンマ」と呼ばれるやっかいな現象です。軍事力を基盤にすると、「自国の安全」が「隣国には危険」なことと映り、反対に「隣国民の軍事的安心」は「わが国民にとっては軍事的脅威」として受けとめられるジレンマをつくります。すなわち「(A国)プラス」と「(B国)マイナス」が、イコール・ゼロとなる。勝者か敗者か、合計すると差し引きゼロ（ゼロサム）というわけです。このような相互不信と疑心暗鬼にもとづく「ゼロサム・ゲーム型安全保障」は、終わりなき軍備競争のシーソーゲームにつながる危険をつねにはらまざるを得ません。

摩擦と対立、軍拡の応酬、対立から武力行使……。戦争への道は、いつもそのようにして準備されてきました。明治時代の「ロシア脅威論」や太平洋戦争に国民を駆りたてた「ABCD（米・英・中・蘭）包囲網」に代表される、かつての日本軍国主義がそうでした。今日のアメリカもそうです。ブッシュ政権は「テロとの戦い」を呼号して、アフガニスタンやイラクに対して軍事力の先制行使を決行しました。その結果、アメリカは底なしの泥沼――「テロとの戦い」と「報復テロ」とのモグラたたきの関係――に落ち込んでしまいました。今なおその泥沼から抜け出せないでいます。これぞまさに「安全保障のジレンマ」最新例です。

そして、アメリカのみではありません。日本の北朝鮮政策――対話拒否・制裁強化にも、

同じジレンマがひそんでいるといえないでしょうか。「テポドンにミサイル防衛で対応する」という政策は、そのままますすめば、北朝鮮による「ミサイル防衛網突破手段開発」、日本の「敵基地先制攻撃準備」へと突きすすむしかありません。どちらが先に手を出すか、対立と緊張のエスカレートです。「対立と威嚇型」安全保障には、つねにこのジレンマが作用するのです。

第二に、軍事重視型安全保障は、外に向けた軍拡のエスカレーションをもたらすだけでなく、国内＝国民にたいしても「国家の逆機能」という反動作用をあたえます。これは、市民を守るはずの軍隊が市民の自由と権利をおびやかす存在となる逆転現象です。

たとえば、9・11事件後、アメリカで「愛国法」が制定され、公権力による令状なしの拘束・盗聴・特別法廷が一般化した事例を見ればわかります。そこには「自由の国アメリカ」で、市民への権利侵害が「自由を守るため」という名目のもと正当化されている日常があります。同様に、イラク戦争時にブレア英首相が行なった治安強化発言――「テロとの戦いにおいて、国家安全保障は市民の自由に介入する正当な根拠となる」ということばにも、おなじひびきがうかがえます。「マグナカルタ」や「権利章典」を発祥させた民主主義の最先進国においてさえ、軍事力に依存するかぎり「国家の逆機能」の罠《わな》からまぬがれえないのです。日本人には、沖縄戦のさい、住民に銃口を向け、「集団自決」さえ強制した軍・民関係を思い起こせば十分でしょう。

「安全保障のジレンマ」と「国家の逆機能」。これら歴史的に証明ずみの「威嚇と対立型」安全保障の方向に逆走するのはおろかなことです。そうでなく、冷戦後のEU（欧州連合）が踏み出したような「共通の安全保障」を確立するほうが賢明ではないでしょうか。めざすべきは、今日の国際社会に戦争による勝者はありえないという認識に立って、「勝ちか負けか」のゼロサム的な安全保障幻想から離脱し、双方ともに安全と安心を共有できる「ウィン・ウィン（win-win）型」つまり、どちらも勝者、そして「フェア・アンド・シェア」（公正と共有）にもとづく国際関係を構築する選択肢です。そのような枠組みを東北アジアにみちびきいれる努力のほうが、より建設的な未来を展望できます。日本国憲法が前文で、「日本国民は……平和を愛する諸国民の公正と信義に信頼して、われらの安全と生存を保持しようと決意した」とうたったのは、まさしく「共通の安全保障」の呼びかけにほかなりません。

そして、コストパフォーマンスの問題（支出した費用とその支出により得られたものとの損得の問題）も考える必要があります。先に見たとおり、「食糧安全保障」、「エネルギー安全保障」、そして自然災害、地球温暖化を含む「環境・災害安全保障」といえる問題を現代の私たちは抱《かか》えています。これはとりもなおさず、安全保障という課題が非常に包括的かつ多岐にわたるものであることを示しています。すなわち軍事的に解決できる、または解決できるかもしれない安全保障の課題というのは、いまや限られたものであり、それ以外にコストをかけて実行しなければならない安全保障の課題があまたあるということです。

したがって私たち納税者は、それぞれのコストパフォーマンスをよく吟味し、どの方法にどれだけの予算をかけるかを真剣に考える必要があります。簡単な例を示すならば、テポドンを撃ち落とすためにミサイル防衛システムに何兆円もの予算を割《さ》くのと、東海地震や東南海地震のための災害救援システムの構築や、原油高騰や地球温暖化問題の深刻化に対応すべく代替エネルギー開発により多くの予算を振り向けるのと、今の私たちの生命と財産を守るうえでどちらのほうが適切な安全保障政策であるかということです。

好むと好まざるとにかかわらず、都市機能の複雑化やグローバル化がここまで進んでしまった地球社会での暮らしを考えるとき、私たちは安全保障＝軍事という単純な思考からいち早く抜け出す必要があるということを、安全保障のコストパフォーマンスの面からも自覚すべき時だと思います。

EUの「共通の安全保障」

ここで、EUの「共通の安全保障」にふれます。

冷戦時代のヨーロッパ諸国は、軍事安全保障がいちばん先鋭化した地域でした。「鉄のカーテン」「東西に分断されたドイツ」が「冷たい戦争」の最前線だったからです。ほかならぬそのヨーロッパで、しかも対立のさなかに、冷戦後を見すえた「共通の安全保障」という安全と安心のかたちが構想されたのです。

一九八二年六月、スウェーデンのオロフ・パルメ首相主宰の独立委員会が、「共通の安全保障――核軍縮への道標」と題する報告を国連事務総長に提出しました。東西軍事対立のさなかに提起された「共通の安全保障」(Common Security)という新思考は、国際社会に大きな反響を呼びました。パルメ報告が提起した「安全保障の原理」は、以下の六項目です。

1 すべての国は安全への正当な権利を有する。
2 軍事力は国家間の論争を解決するための正当な道具ではない。
3 国の政策を表明するときには自制が必要である。
4 安全保障は軍事的優位によっては達成されない。
5 共通の安全保障のためには、軍備削減および質的制限が必要である。
6 軍縮交渉と政治的事件との「連関」（リンケージ）は避けるべきである。

ここでは、すべての国の「安全への正当な権利」は認めつつも、自国の安全を確保するため、軍備競争に勝ち軍事的優位を得ようとする「ゼロサム」的な発想はしりぞけられています。そうではなく、「軍事力は国家間の論争を解決するための正当な道具ではない」と、他国の立場に配慮しつつ、「軍備削減および質的制限」を徹底させ、さらに「軍縮交渉と政治的事件とのリンケージは避ける」として、疑心暗鬼やナショナリズムの熱狂がひきおこす摩擦と対立、紛争への道をおさえこもうとする、成熟した国家間関係づくりが強調されています。軍事力否定や反戦ではないが、非戦＝避戦の考えに立つところに特徴があります。

欧州統合のさきがけとなった「ローマ条約」調印から五〇年たった二〇〇七年、はじめ六カ国からはじまったＥＵへの道は、二七カ国、およそ五億人の人口に発展しました。そこに「安全保障の新発想＝共通の安全保障」が有効にはたらいたことは指摘するまでもありません。「信頼醸成」「軍備削減」「共通の外交・安保政策」の進展が、単一市場、共通通貨、食と環境の標準基準採用の前提でした。欧州議会、欧州原子力共同体、欧州衛星通信会議、欧州司法裁判所など、国家をこえるさまざまの共同・協力機構が「共通の安全保障」のきずなとなりました。食と環境のＥＵ基準は、そのまま「世界基準」ともなっています。

もとより、ＥＵ諸国で軍備が全廃されたわけではありません。フランスやイギリスは核兵器を保有しているし、イギリスは（ブレア政権退陣後、撤退の方向にあるとはいえ）イラク戦争派兵国です。だから「憲法９条の理念がヨーロッパで実現した」などと早合点してはならないでしょう。ただ、ここで重要なことは、パルメ報告にみる「安全保障の新発想」が、ヨーロッパ域内の大半において、実質的に「戦争の放棄」「武力の不行使」「交戦権の禁止」を実現したと見ることができることです。「共通の外交・安全保障政策」を共有したドイツとフランスが、国益の対立を戦争にうったえるなどと考える人はいないでしょう。

九つの国と地つづきの国境もつドイツのワイツゼッカー元大統領のことば――「ドイツは、歴史上はじめて隣国がすべて友人であるという状態を迎えた。では、なんのために軍隊が必要なのだろうか?」(「ドイツ連邦軍改革案報告書」二〇〇〇年)ということばに、ヨーロッパにおける安全保障の現状がよくあらわれています。

こう見てくると、「ゼロサム型安全保障」にもとづく「日米同盟」に依存し、「共通の安全保障」ではなく「勢力均衡型安全保障」を指向する日本より、EUのほうがまだしも「9条の理念」に近づいているといえます。ローマ条約から五〇年、冷戦後、EU創設をさだめたマーストリヒト条約から一五年で、欧州諸国は、安全保障のありかたをここまで変えたのです。二〇〇九年には、「欧州憲法」的性格をもつ基本条約(リスボン条約)に移行し、そのもとで「大統領」にあたるEU首脳会議常任議長、「外相」にあたる外交・安全保障政策担当上級代表のポストが新設される流れにもあります。「ヨーロッパ合衆国」が展望されています。こうした流れをつくりだすことは、東北アジア地域では夢物語なのでしょうか?

私たちが提案する「平和基本法」は、安全保障の基盤を、憲法前文にいう「諸国民の公正と信義に信頼した」関係、すなわち「EU型共通の安全保障」に立脚したところから出発します。到達点はいうまでもなく国家をこえた「人間の安全保障」です。日本国憲法が前文で宣言している、「われらは、全世界の国民が、ひとしく恐怖と欠乏から免かれ、平和のうちに生存する権利を有する」、ここが最終段階となります。そこにいたる段階として「平和基本法」にもとづく「東アジア共通の安全保障」を確立させることが、重要な目標となるのです。できないはずはありません。それがいまやヨーロッパ大部分における「現実」なのですから。

非軍事的国際貢献

もういちど「平和基本法」の内容にもどります。

日本は国際貢献を求められているから自衛隊の海外派遣をしなくてはならない、という議論がよくなされます。国際社会への協力が必要であるのはたしかです。しかし、それは自衛隊にしかできないことなのか、世界が求めている日本の協力とは自衛隊派遣なのか、しっかりと見きわめる必要があります。そのうえで「平和基本法」は、自衛隊を再編・縮小するなかで生じる人員と資材を活用して、非軍事型国際協力に特化した「平和待機隊」

の創設を提言します。地雷撤去活動、難民救援活動、衛生・医療など社会基盤整備、また、公海における共同警察活動（海難救助・海賊対策・環境汚染防止）など、国際社会の平和と安全に役立つ分野に、日本が非軍事面で寄与する「新組織の創設」です。

日本でも最近、「人間の安全保障」の考えがよく語られるようになりました。国家でなく人間単位の安全保障を、と主張されます。そして、日本政府は「人間の安全保障」を外交政策の柱の一つに定め、国連においてそのイニシアティブをとっています。まさに、そこにこそ日本の国際協力の活動分野があります。紛争回避のための予防外交や紛争後の地雷撤去活動、難民救援活動、社会基盤整備などに軍事的な面はほとんどありません。これらは国境をこえた人道援助活動という意味で「人間の安全保障」の実践といえます。

アメリカの紛争介入政策に協力するから、自衛隊派遣が出てくるのです。そうでない分野に日本の出番があります。日本のＮＧＯの活動や国連をつうじた医療支援などＰＫＯ協力、国際貢献は、世界から高く評価されました。

その点からも、「平和待機隊」に非軍事的な国際協力組織としてのはっきりした性格と任務をもたせ、これまで以上に積極的に国際協力活動に従事させることは、まさに9条理念にふさわしい貢献といえます。「平和基本法」は、非軍事的な国際活動に必要な専門知識や技能にすぐれた隊員と組織形態の「平和待機隊」を創設することで、国際社会のなかでの「日本の存在」を明確にします。「平和待機隊」が人間の安全保障実行活動を行なうにさいしては、必要に応じてＮＧＯや災害救助隊などと連携・協力することになります。改編された「旧自衛隊」の一部を「平和待機隊」にして、非軍事活動に専念し国内外のＮＧＯと連携をつよめることで、いっそう国際協力の効果をあげることが期待できます。

災害に備える

これまで自衛隊が行なってきた活動のひとつに、災害時における援助・支援があります。日本人がいま感じている「現実の脅威」として、地震などの災害がきわめて大きいことには、だれも異存はないでしょう。先にふれたように、多くの死傷者と大規模な被害をもたらすにちがいない東海地震や東南海地震は、近い将来、ほぼ確実に起こると予測されています。来るか来ないかではなく、いつなのか、どこなのか、なのです。地震＋原発、地震＋重化学コンビナートという複合災害も想定しておかなければなりません。こちらのほうが「現実へのそなえ」として緊急に必要です。

国民の安全を考えるうえにおいては、災害時における救援をいかに高度かつ即応力をもって対応できる態勢があるかが、重要なポイントとなります。これまでの自衛隊による救援活動は、ほんらい戦闘を目的に訓練された人や組織の機動力を、災害救援に一時転用するかたちで行なわれてきました。自衛隊は、もとより救命・救助を専門とするわけではありません。災害派遣は、自衛隊法上も「付随的任務」であり「サービス業務」です。

「平和基本法」のもとでの「災害救援隊」は、それとはちがい、「改編された自衛隊」でつくる災害救援専門の新組織です。希望する隊員をそこに移行させ、資材や施設は引き継ぐが、武器を持つことはない。全国おもな地域に、高度の救命・救助能力を身につけた隊員を常駐待機させることができます。施設や資材を、消防団や防災NGOと共同使用できる態勢をつくれば、より効率的な組織が生まれるでしょう。

日本および海外での震災、津波、台風、洪水、噴火、原発事故、化学工場爆発などの災害救援のために新組織をつくり、迅速・臨機に出動できる態勢づくりは、「人間の安全保障」という観点からも望ましい一歩といえます。こうした脅威のほうが差し迫っていることを考えると、むしろ現状こそ、あまりに無防備といえないでしょうか。自衛隊の改編からつくりだす組織のひとつとして、「災害救援隊」を設ける理由はそこにあります。国民の命にたいする現実的な脅威にまっこうから立ち向かうことが、９条に命を吹きこむ「平和基本法」の姿勢です。

二一世紀の「人間の安全保障」をめざして

わたしたちが提案する「平和基本法」は、これまで見てきた日本政治の現実的な要請と、それに対する護憲側の対抗構想の必要性、そして、これからつくられていく「二一世紀の安全保障」という世界史の流れに基盤をおいています。それはヨーロッパですでに歩みはじめた「共通の安全保障」、その東アジアにおける定着と展開を模索しながら、それとともに、「二一世紀型安全保障モデル」といえる「人間の安全保障」を展望するものでもあります。日本国憲法は、時代と世界の要請に応《こた》えられるものです。

そこで大事なことは、憲法を論じるさいに「批判の視点」だけでなく、「比較の視点」と「創造の視点」を念頭においた「新世紀の９条論」を行なうことです。これまでの護憲運動の成果やＥＵのこころみに学びつつ、そして最終的には地球ぐるみの「人間の安全保障」を展望しながら、そこにいたる過程を現実政策として提示する。そして、そのために不可欠のものとして「平和基本法」のような9条具現法、ないし補完法が対置されなければならない、そう確信します。

もとより、EUのこころみを東アジアに導入することの困難さはいくらでも指摘できます。地域が変われば適用条件も異なってくるのだから当然です。問題は、日本の政治を変革するのかどうか、その決意が基準となります。「平和基本法」を、憲法具現化に向けた対抗構想として提起するとき、EUの「共通の安全保障」は、まちがいなく現実のモデルのひとつたり得ます。

現実の世界を見ると、経済・情報・人間移動のグローバル化が進展の度をはやめ、その反作用として世界的な規模での貧困と不平等の構造化、それに対する暴力的反発も深刻化しています。しかし否定的な面ばかりではありません。肯定的な面として、国際的な情報化と人事交流が進展したことによって、以前はあまり力のなかったNGOが国際協力の主役のひとつに成長した面もあげなければなりません。「対人地雷禁止条約」や「クラスター爆弾禁止条約」に果たしたNGOの役割を見ればうなずけます。「9条世界会議」を千葉市の幕張《まくはり》メッセで開催し、広い会場に入りきれないほどの人々の参加を実現したのも、多くのNGOの結集された力でした。時代は大きく変わったのです。9条論議も変わらなければなりません。

「平和基本法」が根本のところで提起していることは、日本の政治状況が新たな展開をむかえたいま、護憲側が時代に対応する構想力を持ち得るか否かにあります。9条から対抗構想をつむぎだす知的努力、「望むことと出来ること、為《な》すべきことと為しうること」を峻別する自制力と展望力を発揮できるか、という問題です。二一世紀という時代、東アジアという地域が要求する現実課題に、高い理想を見失うことなく9条理念を血肉化された政策にきたえあげ、世界に発信しながら挑戦していく——そこにこそ憲法創造の平和的展開があるはずです。

それを確信しつつ、9条理念と現実状況に「橋を架《か》ける」こころみとして、以下に掲げる「平和基本法案要綱」はつくられました。これまで述べてきたのはその「解題的部分」にあたります。さらに、各条文の具体的な解説として、「平和基本法」の基本的な考えを第Ⅲ章に「Q&A」の形式で詳細に解説しました。つづく「平和基本法案要綱」と「Q&A」を手がかりに、今後のあるべき日本の安全保障について建設的な議論が展開されることを期待します。

Ⅱ

平和基本法案要綱

前文

われらは、一九四七年五月三日に施行された日本国憲法において、「政府の行為によって再び戦争の惨禍が起ることのないようにすることを決意し」と宣言し、「平和を愛する諸国民の公正と信義に信頼して、われらの安全と生存を保持しようと決意した」とのべ、さらに「われらは、全世界の国民がひとしく恐怖と欠乏から免れ、平和のうちに生存する権利を有する」と、安全保障の理想および目標を定めた。

日本国民は、終始一貫してこの憲法の理念を支持し、その達成に努力してきたが、施行後生じた国際情勢の対立構造によって、長らくその十分な実現を妨げられてきた。

今日、冷戦構造が終焉し、新たな世紀を迎えた状況に際会して、われらは、改めて憲法本来の精神を取り戻し、世界平和と人類の福祉に向けて貢献すべきである。理想の実現は、日本国のみでなく、専制と隷従、圧迫と偏狭を地上から永遠に除去しようと努めている国際社会にも向けられるものでなければならない。

ここに、日本国憲法および国連憲章の精神に則《のっと》り平和基本法を定め、安全保障の目的を明示し、基本原則を再確立するとともに、憲法のもとで創設維持されてきた自衛隊の改編縮小を実施することにより、真に憲法にふさわしい国民の安全保障を確立させるため、この法律を制定する。

第一章　総　則

（目的）

第一条

この法律は、日本国憲法の精神に従って日本国の外交及び安全保障に関する基本的理念及び基本となる事項を定めることにより、日本及び世界における平和と安全を維持し、全世界の国民が等しく恐怖と欠乏から免れ、平和のうちに生存する権利を享受することのできる国際社会の創造に日本国が主体的かつ積極的に寄与することを目的とする。

第二章　安全保障の基本原則

（信頼醸成、平和外交の原則）

第二条

①日本国は、日本国憲法の平和主義、国際協調主義の理念に基づき、国際社会における平和と安全を主体的かつ積極的に創造する外交を行うものとする。

②日本国は、国際社会の平和と安全を創造するために国連憲章を遵守《じゅんしゅ》し、国連の活動に主体的かつ積極的に参加するものとする。ただし、武力の行使を伴う国連の活動には一切関与することはできない。

③日本国は、特定の国家あるいは同盟を仮想敵として想定してはならない。特定の国家あるいは同盟を仮想敵とする条約、協定などを日本国が締結することは許されない。

④前項の規定は、近隣諸国との信頼醸成に向けたとりくみ、地域における平和的協力条約などの締結を妨げるものではない。

（基本原則の堅持の原則）

第三条

「集団的自衛権の禁止」「非核三原則」「武器輸出三原則」「海外派兵禁止」「攻撃的兵器の保有禁止」「宇宙開発の平和目的利用」「文民統制」「国連中心主義」など、日本国が堅

持してきた安全保障に関する基本原則は、今後も維持されなければならない。

（集団的自衛権の禁止）

第四条

①日本国は、「集団的自衛権」を一切行使することはできない。

②武力の行使をしている軍事組織等に対する兵站《へいたん》活動あるいは後方支援活動も、集団的自衛権の行使と見做《な》す。

（核兵器に関する基本原則）

第五条

①何人《なんぴと》も、日本で核兵器を開発あるいは製造し、保持し、さらには日本に持ち込んではならない。

②日本国は、国際社会において核兵器を直ちに廃絶する外交を主体的かつ積極的に行う。

（武器に関する基本原則）

第六条
①国際紛争や地域紛争の助長を回避するため、何人《なんぴと》も日本で開発・製造された「武器」の輸出を行ってはならない。
②日本国は、国際社会において武器の製造や輸出を削減、廃絶する外交を主体的かつ積極的に行うものとする。

（宇宙空間の平和的利用の原則）
第七条
①日本国は、宇宙空間におけるいかなる軍事的活動も行うことができない。
②日本国は、宇宙空間が平和的に利用されるように国際社会に対して主体的かつ積極的に働きかけるものとする。

第三章　組織の再編

（防衛省と自衛隊の再編）

第八条
①日本国憲法の精神に従って、日本及び国際社会の平和と安全を主体的かつ積極的に創設するため、別表に従って防衛省を安全保障省に、自衛隊を安全保障隊とし、その下に国土警備隊、平和待機隊、災害救助隊を置く。
②何人《なんぴと》も、その意に反して安全保障隊の構成員とされてはならない。

（国土警備隊の組織と役割）
第九条
①日本国に対する主権侵害行為に対処するための組織として、別表に従って自衛隊の一部を国土警備隊に再編する。
②国土警備隊は、日本国憲法で禁じられた陸海空軍その他の戦力であってはならず、日本の領海を越える地域に対する攻撃能力あるいは他国に脅威を与える武器を持つことはできない。
③国土警備隊は、日本国外で行動することはできない。
④この法律のいかなる規定も国土警備隊またはその構成員が軍隊として組織され、訓練さ

れ、または軍隊の機能を営むものとこれを解釈してはならない。
⑤国土警備隊は、保安隊と沿岸警備隊から構成され、一元的に運用される。
⑥国土警備隊は、必要に応じ、警察、消防、海上保安庁、災害救助隊などと協力するものとする。

（平和待機隊の任務）
第一〇条
①国際社会における平和と安全に日本国が非軍事的、平和的に関与するために、別表に従って自衛隊の一部を平和待機隊に再編する。
②平和待機隊は、いかなる軍事的任務及び装備も有さない。紛争対処活動に従事することはない。
③平和待機隊は、以下の各号に定める任務を行うものとする。
一　人間の安全保障実行活動
二　海賊行為等公海上の犯罪、国境を越える集団犯罪等地域的共同警察活動
三　国連の要請に基づく紛争予防、回避活動、平和構築活動、戦後復興活動

④前項第二号に定める地域的共同警察活動を行うに際してのみ、平和待機隊の隊員は自己または自己とともに行動する隊員の安全を守るために、やむをえないと認められる範囲で小型武器を使用することができる。

⑤平和待機隊は、人間の安全保障実行活動を行うに際しては、ＮＧＯや災害救助隊等と連携・協力するものとする。

（災害救助隊の任務）

第一一条

①本国および海外での自然災害、特殊災害、人為災害の救助のための組織として、別表に従って自衛隊の一部を災害救助隊に再編する。

②災害救助隊は、災害救助活動を行うに際しては、ＮＧＯや平和待機隊等と連携・協力するものとする。

（国土警備隊、平和待機隊、災害救助隊に対する統制）

第一二条

①内閣総理大臣は、内閣を代表して国土警備隊、平和待機隊、災害救助隊に対する最高の指揮権を有する。

②安全保障大臣は、この法律および他の法律の定めるところに従い、国土警備隊、平和待機隊、災害救助隊の行動を統括する。

③定員、予算、装備、行動など、国土警備隊、平和待機隊、災害救助隊に関する重要な事項については内閣が毎年原案を作成して、国会の議決を経なければならない。

④国土警備隊や平和待機隊が武器を携帯する任務に就く場合、内閣総理大臣は事前に国会の承認を経なければならない。事前に国会の承認を得た後でも、国会で廃止の議決があれば、内閣総理大臣は直ちに当該措置を中止しなければならない。

⑤前項で国会の承認が得られない場合、あるいは廃止の議決がなされた場合、内閣総理大臣は衆議院を解散することはできない。

（詳細についての規定）

第一三条

安全保障省、安全保障隊、国土警備隊、平和待機隊、災害救助隊等に関する詳細については、別途法律等で定めるものとする。

【別表】

(1) 第1期（直ちに着手する政策）

i　いわゆる「新テロ特措法」「イラク特措法」等の海外派兵法の廃止・見直し

ii　不要となる大型装備品の発注停止。中期防衛力整備計画の廃止。隊員新規募集の削減。

iii　「特措法」にもとづく海外派兵自衛隊部隊の撤収（ＰＫＯ協力法による部隊は国連と協議後に措置）。

iv　「ミサイル防衛」の共同開発参加取りやめを米政府と協議ののち実施。領域外演習・活動の打ち切り。「日米地位協定」の改定と、いわゆる「思いやり予算特別協定」の廃止。

v　「軍縮ガイドライン」の作成。

vi　「東アジア共通の安全保障」の作成。

(2) 第2期

ⅰ　自衛隊縮小基本計画の実施。三分割作業の本格化。

ⅱ　自衛艦隊、航空総隊の解散。攻撃的兵器の廃棄。

ⅲ　「防衛計画の大綱」にかえて平和基本法にもとづく「日本の安全保障大綱」の採択とその周知徹底。

ⅳ　「東アジア共通の安全保障」の進展。

(3)　第3期（近隣諸国との「地域協力機構」の成熟度を見きわめつつ実施する最終段階）

ⅰ　日本列島領域でのみ機能する最小限防御力への完全な移行達成。

ⅱ　非戦国家・日本の誕生。憲法にもとづく国際活動の全面展開。

ⅲ　安全保障の重心を、軍事力から「東アジア地域協力機構」や「国連平和維持活動」などへの協力に移行。

III

ここが知りたい 平和基本法案 Q&A

Q. 1 「平和基本法案」がめざすのは、どのような〝安全保障のかたち〟ですか？（法案要綱一条関連）

A. 敵視政策、先制攻撃、国連憲章無視など、反憲法9条的なブッシュ・アメリカ型でなく、信頼醸成を目指してきたドイツやEU、国連憲章尊重、9条を活《い》かす安全保障政策をめざします。

ブッシュ大統領のアメリカは「テロとの戦い」「自衛権」を名目に先制攻撃を正当化し、実際に二〇〇一年にアフガニスタンを攻撃しました。さらにはフランスやドイツなど多くの国の反対を押し切り、国連憲章を無視して二〇〇三年にはイラクも攻撃しました。日本もこうしたアメリカを全面的に支援し、海外で武力行使のできる法整備と組織・装備の整備をすすめてきました。とりわけ最近、海外で武力行使が可能になる法律を多く制定してきました【海外派兵を可能にする法律については、資料1】。

今後も、いつでも迅速に自衛隊を海外に派兵でき、武器の使用も容易になる「派兵恒久法」、海外での武力行使が可能になる「憲法改正」が目標とされています。「在日米軍再編」

2007年３月に新設された旅団規模の「特殊部隊」中央即応集団は、１年後の08年３月末、新たに組織された「中央即応連隊」が加わって編成が完結した。写真左は「中央即応連隊」、右は「国際活動教育隊」の訓練の様子。教育隊といっても、このような訓練も行なわれる。（陸上自衛隊・中央即応集団ホームページから）

が進められ、おもにアジア・太平洋を作戦領域とする「陸軍第一軍団司令部」が米本土から神奈川県座間基地に移転されたり、二〇〇八年9月に原子力空母が横須賀に配備されるなど、米軍の出撃拠点としての状況もいちじるしく強化されています【米軍再編の主な内容については、資料2】。

自衛隊も「日本版グリーンベレー」と称される「中央即応集団」（Central Readiness Force〈CRF〉）を新設したり、戦闘機の航続距離を大きく伸ばして海外での戦闘を可能にする「空中給油・輸送機」を導入したり、海外派兵や船舶臨検などに必要なヘリコプターの空母となるヘリコプター搭載護衛艦「ひゅうが」を建造するなど、海外派兵が可能な組織・装備に変わりつつあります。

このように「テロとの戦い」「自衛戦争」などの名目で武力行使を正当化するブッシュ大統領のアメリカを日本政府は支援し、さらにはアメリカと一緒に海外で武力を行使することを目指してきました。

しかし考えてみてください。武力の行使で解決した紛争があったでしょうか？　一九九〇年代の地域紛争、たとえばコソボやパレスチナ、エリトリア、ソマリア、アフガニスタンの紛争などを見ても武力で紛争が解決されたことはありません。二〇〇六年秋、ブリュッセルのＥＵ（欧州連合）本部で安全保障問題担当官が「イラク戦争の泥沼化によって、世界最強の軍隊［アメリカ軍］でさえ、中規模程度の都市［バクダッド］たった一つの治安維持もできないということが明らかになった」（［　］は執筆者補足）と述べているように、アフガニスタンやイラクでの米軍の軍事活動は、武力で平和を作り出せないことをふたたび事実で証明しました。

それどころか、アメリカの軍事行動は多くの一般市民に言語に絶する苦しみを与えてきました。アフガン戦争やイラク戦争でも、爆撃により子どもや女性、老人を含む多くの一般市民が犠牲になりました。命を落とさないとしても、爆撃などで家を失い、多くの難民が発生しました。ＵＮＨＣＲ（国連難民高等弁務官事務所）は二〇〇八年6月17日、紛争などが原因で世界を追われた難民が一〇〇〇万人を超えたと発表しました。世界の難民が増加した主な原因はアフガニスタン（三一〇万人）やイラク（二三〇万人）の混乱で、その両国で難民全体の約半数になります。また、アフガニスタンのカライジャンギ収容所やイラクのアブグレイブ収容所などでは、アメリカ軍は多くの一般市民に対して非人道的な拷問を行ないました。こうしてアメリカの武力攻撃は平和を生み出すどころか、多くの一般市民にとてつもない苦しみを与えてきたのです。日本は国際貢献としてインド洋やイラクに自衛隊を派兵し、アメリカを支援してきました。麻生首相も、インド洋での海上自衛隊の給油活動を継続するのは当然と発言しています。しかし、自衛隊の支援はまさにアメリカの戦争に加担し、アフガニスタンやイラクの市民の虐殺・虐待を支援することにほかなりません。

こうした現実を踏まえると、日本がとるべき政策は、仮想敵を想定し、国連憲章に反して武力攻撃を平然と行なうブッシュ・アメリカ型の安全保障ではありません。国際社会、とくに近隣諸国との信頼関係を構築し、国連憲章を重視して武力に頼らない平和、「人間の安全保障」を追求してきたドイツやＥＵ型の安全保障こそ、今後の日本の模範とすべきです。

【資料１】海外派兵を可能にする法律について

■ガイドライン関連法（一九九九年）
周辺事態法、改正自衛隊法、日米物品役務相互提供協定（ACSA《アクサ》）
■船舶検査法（二〇〇〇年）
■テロ対策特別措置法（二〇〇一年）
■有事三法（二〇〇三年）
武力攻撃事態法、改正自衛隊法　改正安全保障会議設置法
■イラク対策特別措置法（二〇〇三年）
■有事関連7法（二〇〇四年）
国民保護法、米軍行動円滑化法、外国軍用品等海上輸送規制法、特定公共施設利用法、改正自衛隊法、国際人道法違反行為処罰法、捕虜取扱法
■改正自衛隊法（二〇〇六年）
■防衛庁「省」昇格法（二〇〇六年）
■新テロ対策特別措置法（二〇〇八年）
■海賊対処法（二〇〇九年）
※武力攻撃事態法（二〇〇三年）や国民保護法（〇四年）を海外派兵法と分類するのには違和感があるかもしれません。しかし、これらの法律も、たとえば日本近海でアメリカが戦争を始めた際、アメリカの武力行使を支援する役割を果たします。

【資料2】米軍再編の主な内容について

（1）座間基地
①米本土から陸軍第1軍団司令部が移転。
②「中央即応集団司令部」移転（二〇一二年まで）。

（2）横田基地
①広域空軍司令部（米空軍第5軍と第13空軍が統合）の横田基地使用。
②航空自衛隊航空総隊司令部が移動（二〇一〇年）。

（3）横須賀基地に原子力空母「ジョージ・ワシントン」の配備（二〇〇八年9月）。

（4）相模総合補給廠に「戦闘指揮訓練センター」設置。

（5）厚木基地から岩国へ空母艦載機移転。

（6）「Xバンドレーダー」の展開として航空自衛隊車力分屯地基地の使用。

（7）米第3海兵機動展開部隊司令部など（八〇〇〇人）のグアム移転のため費用の負担（七〇〇〇億円）。

（8）沖縄本島北部の辺野古から大浦湾にかけ普天間基地に代わる米海兵隊航空基地・軍港の建設。

（9）米軍再編に要する経費（約三兆円）が日本負担。

Q. 2

自衛隊の海外派遣は、国際的な貢献ではないのですか？

A. 自衛隊の海外派遣は必ずしも「平和を創る」国際貢献になるわけではありません。

歴代日本政府は「国際貢献」として自衛隊を派兵してきました。つい最近も、福田内閣は「平和協力国家」の実績づくりのために、アフガニスタンやスーダンに陸上自衛隊を派遣することを検討していました。しかし、軍隊による支援活動は有害あるいは非効率的です。アフガニスタンやイラクでアメリカ軍が見せかけの支援をしたため、UNHCR（国連難民高等弁務官事務所）や国連などの政治的中立性までが疑われて攻撃対象となり、支援活動に支障が出たことは銘記されるべきです。福田内閣がアフガニスタン本土への陸上自衛隊の派兵を検討したことについて、アフガニスタンで長年にわたり医療や井戸掘り、灌漑用水路開削の活動を続け、現場のことを知り尽くしているペシャワール会の中村哲医師は二〇〇八年6月7日、「反日感情が高まり、日本人スタッフの安全を守れない」、「軍隊が来ないことが日本への信頼となり、私たちの安全につながっていた。情勢悪化の中での自衛隊派遣は暴挙でしかない」と批判しました。

考えてもみてください。言葉も通じない外国人が武装して自国にやってくるとき、そうした人を信頼できるでしょうか？　人道支援に軍服・戦闘服・武器は似合いませんし、恐怖心を持たれるのは当然です。自衛隊にその気はなくとも、武装集団が外国の土地に行くことは「紛争地の常識」からすれば限りなく侵略にちかい行為になります。

また、自衛隊は援助の専門集団でないため不十分な対応しかできません。たとえばカンボジアPKOの際にも自衛隊が派遣されましたが、総選挙を円滑に行なうための道路補修に関しても自衛隊では簡易舗装しかできず、翌年にはもとの穴だらけの道に戻っていました。イラクでの人道復興支援活動で自衛隊は給水などを行ないましたが、NGOなら年間一億円で約一〇〇万人分の給水が可能なのに、自衛隊は年間三〇〇億円以上の予算をかけても約一万五〇〇〇人分の給水しかできませんでした。派遣の費用も含めて計算しますと、イラクのサマワに派遣された自衛隊がつくっていた水のコストは何と一リットルあたり二四万円！　一方、同じくサマワで水の支援を行なっていたフランスのNGOの造水コストは一リットルあたり一五円。こうした国家予算の使い方がいかに無駄か、よく分かります。

戦闘を任務とする自衛隊では、効率的かつ十分な民生支援はできないのです。「厳しい財政状況」を理由に政府は福祉、医療、介護予算を削減してきましたが、こんな無駄な支出こそ、直ちにやめるべきです。実効的な国際貢献や「人間の安全保障」の実現のためには、自衛隊ではなく、それに適した能力を持つ別組織に自衛隊を転換・再編することが必要です。

Q. 3 「平和基本法案」にはほかにどんなメリットがあるのですか？

A. 自衛隊がさまざまな災害に対応し、国際貢献を実現できる組織になるだけでなく、多額の軍事予算を福祉、医療、介護、教育などに使えるというメリットもあります。

『二〇〇七年度防衛白書』も「わが国に対する本格的な侵略事態が生起する可能性は低下している」と書いているように、日本に対する「侵略の脅威」が減少していることは防衛省自身が認めていることです。にもかかわらず、小泉、安倍、福田内閣は年間約五兆円――「為替レートにもよりますが、日本の防衛予算はアメリカの約八分の一とは言え、世界第二位」（石破茂『国防』〔新潮社、二〇〇五年〕二三四頁）もの軍事費を支出してきました【自衛隊の主な装備と価格については、資料3】。

さらに今後も、米軍の施設建設や米兵の生活費、娯楽費などに総額二〇〇〇億円以上の「思いやり予算」を払い【思いやり予算の状況については、資料4】、ミサイル防衛（MD）構築に数兆円、「米軍再編特別措置法」にもとづく対米財政支援策として約三兆円を約束し、グアムに移転する米兵のために一戸八〇〇〇万円もの家を「思いやり予算・海外版」によって建てようとしています。

その一方、「構造改革」「規制緩和」の名のもと、生活、医療、福祉にかかる国家予算を削減してきたため、「おにぎり食べたい」と日記に残して餓死する人が出たり、生活保護での「老齢加算が廃止されてから食うや食わずの生活」「家計を支えようと長男は高校一年で中退した」といった状況が生じています。

歴代自民党政権、とりわけ小泉政権の下での医療費削減の結果、「後期高齢者医療制度」など、患者に負担増を余儀なくさせる医療制度がつくられてきました。産婦人科医などが減少して「患者たらい回し」のような事件が多くなり、医者にかかれなくなった人が増加しています。かつてイギリスではがんの手術でも六カ月待ちという事態が生じましたが、現在の日本にもそうした状況になる傾向が出はじめていると指摘されはじめています。

介護でも、たとえば二〇〇六年7月21日、京都地方裁判所は「介護殺人」に関する事件で「介護保険や生活保護行政のあり方も問われている」と述べました。愛する母親を殺さざるを得ない状況に追いやられた被告人に関しては、検察すらも「哀切きわまる母への思い。同情の余地がある」としていたほどで、法廷でも裁判官や検事が涙をこらえながら事件を審理することもあったといいます。こうした「介護殺人」がなくなる気配はありません。国家予算の削減の結果、「ネットカフェ難民」「マック難民」「医療難民」「お産難民」「介護難民」などの言葉が新聞で飛び交う状況になっています。まさに医療、介護、保育、福祉などは危機的状況にあります。

こうした政治のあり方が問題なのは言うまでもありません。一機約一〇〇億円もするF15が、なんで二〇三機も必要なのでしょうか。また、漁船すらよけきれないイージス艦を六隻(一隻約一四〇〇億円)も持っています。日本を守れないどころか北朝鮮、中国、ロシアの感情を悪化させるミサイル防衛(MD)にも多額の軍事費がついやされています。その一方で、医療、福祉、介護などの費用が削減されてきたのです。

【資料3　自衛隊の主な装備と価格について】
F15戦闘機（203機保有）　1機約一〇〇億円
F2戦闘機（75機保有。最終的には94機）　1機約一二〇億円
空中給油・輸送機（2機保有。最終的には4機）　1機約二五〇億円
E－767早期警戒管制機（4機保有）　1機約五四〇億円
イージス艦（6隻保有）　1隻約一四〇〇億円
ヘリコプター搭載護衛艦「ひゅうが」　1隻約一二〇〇億円
P3C対潜哨戒機（100機保有）　1機約一〇〇億円
SH60J（83機保有）　1機約四三億円
SH60K（15機保有）　1機約六九億円

【資料4　思いやり予算をめぐる最近の国会での発言と論戦】
（1）二〇〇八年3月18日、衆議院本会議での近藤昭一議員の発言（抜粋）
◎近藤昭一君　民主党の近藤昭一です。
民主党・無所属クラブを代表して、ただいま議題となりました在日米軍駐留経費負担特別協定について質問いたします。（拍手）
さて、政府は一体いつまで説明のつかない税金の支出を続けるのでしょうか。今回この協定を

審議するに当たり、改めてその予算の大きさに驚きました。

現在の国会をねじれ国会と呼び、野党を非難する人がいます。しかし、日本の国会は二院制をとっており、時には二院が違う結論を出すことでチェック機能が働くのです。決してねじれと呼ぶべきではありません。政府がやっていることと国民の求めていることの違いこそがねじれであると思います。道路特定財源の問題もしかり、この特別協定の問題もしかりであります。

さて、本題に入ります。

日米地位協定第二十四条は、米軍駐留経費に関し、借地料など施設提供に伴う経費のみ日本が、それ以外はすべて米国が負担すると規定しています。しかし、一九七八年、円高・ドル安傾向が強まる中、米側の要求に応じ、思いやりを理由として、規定では負担する必要のない駐留軍労働者の人件費の一部、六十二億円の支出を決定いたしました。翌年には施設整備費なども支払い対象に追加し、予算は増加の一途をたどり、一九八六年には八百億円を超える額に達しました。

しかしながら、米側のさらなる経費負担要求は続き、支払い根拠に困った日本政府は、一九八七年に初めて在日米軍駐留経費負担特別協定を締結しました。その際、政府は、暫定的、限定的、特例的な措置であり、期限を五年と定めるとして国会の承認を得たのであります。しかし、この暫定的措置は恒常化し、その予算額は約千四百億円前後に高どまりをしております。

二〇〇八年度予算案を見ると、特別協定に基づく千四百十六億円を含めて二千八十三億円もの額が在日米軍駐留経費負担、いわゆる思いやり予算として計上されています。

米軍の駐留を受け入れている他国と比較しても、この額は突出をしています。二〇〇四年の米国防総省の同盟国の貢献に関する報告書、これを見ても日本は断トツの一位であり、その額、約四十四億一千万ドルで、その負担割合は七四・五％、第二位のドイツは十五億六千万ドル、三二・六％、第三位の韓国は八億四千万ドル、四〇％となっています。また、同報告書に基づく米軍兵士一人当たりの経費負担額では、日本は約十万六千ドル、約一千三百万円と、ドイツ、韓国と比べても約五倍と飛び抜けて高い金額になっています。

そこで、外務大臣にお尋ねいたします。

今回の新協定をめぐっては、経費の効率性について国民の支持を得る必要があることを踏まえ、労務費に関して、負担の減額を求めて交渉の場において鋭意協議したとされています。しかしながら、交渉の成果は目標からほど遠いものでした。この厳しい財政状況の中、一体、この結果をどう受けとめて、どうしていくつもりか、外務大臣の御所見をお聞きいたします。

次に、提供施設整備についてお尋ねしたいと思います。

思いやり予算が初めて計上された一九七八年の翌年には、施設整備費用もまたその対象に追加されました。これは、それまでの政府解釈を百八十度転換させるものでした。その後、至れり尽くせりの超豪華施設が全国でつくられるようになりました。

横須賀海軍基地では、五階建て、総面積約二万八千平方メートル、総工費七十八億円の艦隊レクリエーションセンターが日本の負担で建設され、二十四時間オープンのフィットネスジム、バ

青森県三沢基地の周辺にある、「思いやり予算」で建てられた米軍用住宅。2007年９月、東奥日報斉藤光政氏の案内で飯島が撮影。バスケットのポール、バーベキューセットの置ける広い庭がそなわっている。

スケットボールコート、スナックバーなどを備えたこの施設は、米本土にもないような豪華な施設になっています。他の在日米軍基地でも同様で、超大型ショッピングセンター、大型体育館、学校などが続々と建設されました。

家族住宅に目を向けますと、一九七九年から現在までの間、三沢飛行場で二千三十三戸、池子弾薬庫で八百五十四戸、岩国飛行場で七百三十二戸など、全国の米軍基地で総計一万一千二百九十五戸が建設されています。一戸当たりの費用を池子弾薬庫を例に計算してみますと、約七千八百万円にもなります。この金額には地代が含まれていません。ちなみに、その床面積は百五十七平方メートルに上り、二階には四つの寝室があるという、平均的日本人の暮らしから見れば夢のような超高級住宅であります。

また、日本国憲法は宗教施設への公金支出を禁じています。しかしながら、キャンプ・コートニーには三・六億円を費やして教会が建てられました。

こうした支出は妥当と言えるのでしょうか。外務大臣、御所見をお聞かせください。

次に、駐留軍等労働者に対する労務費についてお尋ねしたいと思います。

労働者の雇用形態の中に諸機関労務協約というものがあり、現在、六千二百七十八人がこの労務協約のもと、諸機関において勤務しています。これはどんな労務かというと、米海軍横須賀基地就職ガイドには、「個人に娯楽や余暇、フードサービスなどを提供し、その収益で運営する「独立採算制」の職場。」とわかりやすく説明されており、その職種には、カウンターアテンダント、バーテンダー、ウエーター、ゴルフコース整備員など幅広いものがあります。

独立採算制の組織においては収益に基づいた経営が行われるべきで、このような諸機関の労務費を負担することについて、どのような見解を持っておられるのか。政府の説明でも、この件に関しては、米側との交渉において重ねて問題提起したとされています。一体どのような提起を行ったのか、また、今後どのように取り組んでいかれるのか、お聞かせください。〔中略〕

次に、光熱水料についてお尋ねいたします。

韓国は施設整備費などを日本同様負担していますが、光熱水料は負担していません。日本だけが負担をしています。今回、この光熱水料に関しても、かなり強気の姿勢を持って日本は交渉に臨んだと伝えられています。

そこで、外務大臣にお尋ねします。

日本の交渉団は、どのような方針を持って光熱水料削減に臨んだのか。そして、削減額は三年間で八億円とわずかな額になってしまいましたが、これをどのように考えておられるのか。

（2）二〇〇八年3月19日、参議院予算委員会でのやりとり

◎福島みずほ君　〔前略〕次、思いやり予算についてお聞きします。

新聞報道で、思いやり予算の人件費の二割が娯楽施設や飲食サービスなどを提供する人々のものだという報道がありました。バーテンダー、バー関係九十三名、ゴルフコース整備士五十二人、思いやり予算二千八十三億。社会保障費二千二百億円カットしていて、何で二千八十三億円なのか。これらの費用は米軍に持ってもらうべきではないですか。

現に、思いやり予算で基地内に映画館まで日本政府はつくってあげているんですよ。

◎国務大臣（高村正彦君）　今の御指摘の諸機関、いわゆる十五条諸機関と、こう言っておりますが、米軍人等の福祉、士気及び能率を維持することを目的として設立、運営されております。この諸機関の労務の需要については、合衆国軍隊の労務の需要と同様、日米地位協定第十二条四に基づき、我が国当局の援助を得て充足されることになっているわけであります。

日本側がこれら十五条機関の労働者の給与を負担することは、同諸機関の経営基盤を安定させ、米軍人等の福祉、士気及び能率の維持の確保に寄与するものでございます。これは在日米軍の効果的な活動の確保という新たな特別協定の目的に合致するものであり、ひいては、これら労働者の雇用の安定にも資するものであると、こういうふうに考えております。
　両国の特別協定で我が方が持つことになっているということでございます。
◎福島みずほ君　国土交通省の特定財源で旅行に行ったという話で皆やっぱり怒っているわけですよね。でたらめなお金の使い道、全部、税金なわけですから。税金でゴルフコース整備人五十二人、バーテンダー、バー関係九十三名、例えば雇っていると。国民はどう思うでしょうか。必要なものは、その必要とするアメリカ軍が持てばいいじゃないですか。こういう使い方について、これは問題だと思われませんか。
◎国務大臣（高村正彦君）　委員がおっしゃるように、国民感情からいってすとんと落ちるかどうかという、そういう問題点は私は確かにあると思います。あると思いますが、やはり日米安保条約というのは、まさに、いざというときはアメリカの青年たちに血を流してでも日本を守ってもらわなきゃいけない、そういう中で同盟のコストをどう負担するかということの中で培われてきてこういうことに現時点でなっているわけでありまして、一概に道路公団で我が国のお役人がどういう娯楽をしているということと同じように取り扱われるべきものではないと、こういうふうに思っております。
◎福島みずほ君　税金の使い道としておかしいですよ、やはり。例えば、光熱費に関して、アメリカに帰るときにクーラーを付けっ放しにして帰るという話を聞いたことがあります。光熱費の無駄遣い等についてはいかがですか。

◎国務大臣（高村正彦君）　今、無駄遣いについていかがですかと、こう聞かれましたが、無駄遣いは悪いに決まっています。付けっ放しにして帰ってもらっては困ります、そういうことは。そして、今度の特別協定の改定のときに、わずかではありますが光熱費については切り込むということをしております。

◎福島みずほ君　ほんのちょっとだけ減ったんですよね。でも、基本的には変わっていません。やはり、これは必要なお金かどうかということを検討しないと、国民が社会保障のカットで苦しんでいるときにこのやっぱり思いやり予算の中身を聞けば、自分たちの払っている税金の使い道としてどうかと、やっぱりそれは疑問を持つと思います。いかがですか。

◎国務大臣（高村正彦君）　委員がおっしゃるように、これ、国民がストレートにすとんと、ああ、いいねと言うかどうか、私も委員がおっしゃることは分からないわけではありません。ただ、同盟のコストとして、そして日米両方で話し合って、アメリカ側からも同盟のコストをもっと日本は持つべきでないかという強い要請がある中で、いろいろ話し合ってここに落ちたということは御理解をいただきたいと。委員のお立場からだとなかなか理解していただけないかもしれませんが、我々、日米同盟が大切だと考えている人間にとっては同盟のコストということで是非御理解をいただきたいと、こう思っております。

Q.4 自衛隊をどのように縮小・再編するのですか？（法案要綱八条関連）

A. 自衛隊を以下のように段階的に再編・縮小させます。

■防衛省→「安全保障省」へ
■自衛隊→「安全保障隊」とし、「国土警備隊」「平和待機隊」「災害救助隊」に再編・縮小。
■国土警備隊――日本への主権侵害行為に対処することを主たる任務とする部隊。Ｆ15やイージス艦などの攻撃的兵器を持つことは、いっさい許されない。
■平和待機隊――国際テロなどへの共通の対処、人間の安全保障実行活動、国連などの要請に基づく平和活動などのため、国際社会で非軍事的活動に従事する部隊。
■災害救助隊――日本国内外でのさまざまな災害に対処するための部隊。

Q. 5 国際社会の平和のために、日本はどのような役割を演じるべきですか？（法案要綱一条関連）

A. 紛争予防（Conflict Prevention）に向けたとりくみを日本は国連を中心に働きかけるべきです。

東西冷戦が終結した直後の一九九〇年代初頭、多発する地域紛争にたいして、ガリ国連事務総長は国連の武力介入による紛争解決を呼びかけました。しかし一九九五年、米軍を主体とした「平和強制部隊」のソマリアにおける悲劇的失敗を最後に、武力介入による紛争解決の方針を断念します。さらにルワンダでの大虐殺、ボスニア内戦の泥沼化、コソボ危機と、いずれも国連が紛争を解決できない事態が続きました。

こうした経験から、国際社会はいったんはじまった紛争の解決がいかに困難かを知るとともに、武力介入の限界もつよく認識するようになりました。二〇〇二年、アナン国連事務総長は、紛争解決でなく「紛争予防」にこそ力を入れるべきと訴えました。自然災害とはことなり、武力紛争はいきなり生じるわけではありません。コソボ紛争を例に挙げますと、コソボ紛争が起きる一〇年くらい前から、専門家の間ではコソボのアルバニア人とセルビア人の関係は非常に危険だと言われていました。にもかかわらず、国際社会は紛争予防に乗り出すことなく、見て見ぬふりをしていたのです。

一九九〇年代に起こった紛争を調べれば調べるほど、紛争が起こってからの対処＝「紛争後の武力による介入」では武力紛争の解決は困難であることが分かります。いままでの日本はアフガン戦争やイラク戦争にさいして戦争回避の働きかけをまったくせず、「国際平和」のための「人道復興支援」などと称して「アメリカの戦争」に自衛隊を派兵し、援助してきました。しかし、紛争が起これば多くの人が死傷し、家屋を失って難民となるなどの悲惨な状況が生じます。紛争が起こるのを前提に負傷者や難民への支援を考えるのでなく、紛争回避に最大限の外交努力を行ない、紛争予防に向けたとりくみを国際社会に働きかけることが「平和国家」日本の役割です。たとえば「武器の製造・輸出入規制」――とくに地雷やクラスター爆弾、劣化ウラン弾のような非人道的兵器――や「信頼醸成」の促進など、紛争予防に向けたとりくみを国連を中心に働きかけることが、「平和国家」日本の役割といえます。

とりわけ、二〇〇八年９月現在、日本は紛争再発を防止するために紛争後の人道復興支援をおもな任務とする新しい国連機関「国連平和構築委員会」の議長国でもあります。このような立場を生かして、日本は国連や各種機関と密接に連携しながら紛争予防に向けたとりくみを積極的にすすめることができます。

Q.6 近隣諸国に対しては、どのように接するべきですか？（法案要綱二条4項関連）

A. 近隣諸国との真の和解を達成するために、歴史認識の共有と信頼醸成にもとづく外交を展開するべきです。

日本と中国、とくに朝鮮民主主義人民共和国（北朝鮮）との関係は悪化しており、信頼関係を構築するのは非現実的との考えもあるかもしれません。ところが「格好の手本」が存在します。日本と同様に第二次世界大戦の敗戦国となったドイツです。冷戦時代の旧西ドイツは、一歩間違えば核戦争の「最前線」であり、「ソ連の脅威」はまさに現実でした。しかし、現在のドイツは近隣諸国と極めて友好的な関係を保っています。なぜでしょうか。「ソ連は脅威だ」「フランスを叩きのめせ」などと叫んでソ連やフランスを敵対視し、軍備を整えたからではありません。かつて仇敵《きゅう》だったフランスやポーランド、ソ連などに対し、ドイツは信頼醸成に向けた外交を根気強く続けてきました。こうした外交の結果、ドイツは近隣諸国との友好関係を築きあげることに成功したのです。

ドイツだけでなく、ヨーロッパ全体でも戦争をなくすためのとりくみがなされました。「欧州石炭鉄鋼共同体」（ＥＣＳＣ、一九五一年）は、仏・独・伊およびベネルクス三国（ベルギー・オランダ・ルクセンブルク）が超国家的機関をつくって戦争に不可欠な石炭や鉄を共同管理し、ヨーロッパから戦争をなくすための共通のとりくみでした。そこから発展した「欧州共同体」（ＥＣ）や「欧州連合」（ＥＵ）は、たんなる経済的共同体でなく、なにより「不戦共同体」として創設されたのです。ブリュッセルのＥＵ本部でＥＵの成り立ちや歴史を聞くと、「経済発展」ではなく、「悲惨な戦争を二度と起こさないため」という設立目的が語られます。

現在、かつては仇敵どうしだったフランスとドイツが戦争することなど想定できません。こうした努力のあとを見れば、日本の外交のあり方しだいではＥＵのような状況を東アジアにつくりだすことも夢ではありません。むしろ、日本は軍事力に頼らない安全保障の思想を世界に先駆けて打ちだした国として、ドイツやＥＵを超える平和構築も可能です。自衛隊の再編・縮小に日本が積極的に踏みだす前提として、世界各国、とりわけ「東アジア」での共通安全保障の基盤となる信頼醸成に向けたとりくみが必要です。

しかしドイツとは対照的に、「南京大虐殺」「従軍慰安婦」「強制連行」など、戦前の日本軍が近隣諸国に与えた被害への謝罪・補償や近隣諸国との信頼醸成に、日本政府は消極的・否定的でした。また、ナチスが行なった特定の民族に対する大量虐殺のような「人道に対する罪」と、戦前の日本が行なった捕虜迫害、民間人虐殺、無差別爆撃などの「戦争犯罪」は違う、日本の戦後補償は完了しているなどと発言する学者やジャーナリストがいます（西尾幹二『日本はナチスと同罪か　異なる悲劇　日本とドイツ』［WAC、二〇〇五年］など）。さらには、「罪を憎んで人を憎まず」などと首相が発言して、侵略戦争を起こした張本人が祭られている靖国神社に公然と参拝しました。

第二次世界大戦の際、中国や朝鮮を中心とするアジア人やその家族は侵略してきた日本軍から言語に絶する扱いを受け、現在も苦しんでいる人も少なくありません。通常の戦争犯罪だから日本軍に責任がなく、賠償もしなくてよいというような発言、かりにあなたが被害者やその関係者だったら納得するでしょうか？

そうした発言が日本国内で飛び交う一方で、海外派兵が可能になる国づくりを日本政府はすすめてきました。こんな状況では近隣諸国からますます不信感を持たれます。近隣諸国だけではなく、たとえば「従軍慰安婦」への対応についてはアメリカ下院、カナダ、オランダ両院、欧州議会でも日本政府に公式謝罪などを求める「慰安婦決議」が採択されています。近隣諸国との信頼醸成を成し遂げるためには、まずなによりも日本政府が過去の戦争に真摯に向き合い、戦争被害者や近隣諸国の人々に心からの謝罪をし、歴史認識を共有したうえで真の和解をめざすことが大前提となります。

事実の歪曲や言い逃れをするのではなく、戦前の日本軍が犯した犯罪に対してはきちんと補償をすべきです。その補償にかかるコストは将来の安全保障を築くためのコストであり、無用なイージス艦の購入に比べてはるかに「経済的」です。その上で諸国との友好関係の構築をめざした外交を展開すべきです。ＡＳＥＡＮ（東南アジア諸国連合）との連携を深めるとともに、日朝韓米中露の六者協議を恒常的な地域安全保障の枠組みに発展させるべく、近隣諸国との信頼醸成や有効関係を築きあげる外交を積極的にすすめることが必要です。そのほかにも、たとえば「東北アジア非核地帯設置条約」「東アジア海上保安協力機構協定」などの締結が求められます。

Q. 7 日米関係はどのようにするのですか？

A. 日米の軍事協力を平和的な協力関係に段階的に変えていきます。

現在、日本とアメリカとの間には「日米安全保障条約」が締結されています。また、米軍再編により日米の軍事協力はいっそう強まりました。歴代自民党政権は、「日米安保」「日米同盟」のおかげで日本の平和と安全が保たれているとしてきました。しかし、「日米安保条約」は今やきわめて攻撃的な性格に変わりました。アジアとアメリカが敵対する構図は互いに何のメリットもありません。そこで日本もアメリカにたいして、友好的な関係を築くために新たな方針転換がもとめられます。

もっとも、「安保即時廃止論」のように、日米安保条約を即刻廃止するのはリスクとデメリットが大きいので、日米安全保障体制を、軍事同盟としての性格から段階的に非軍事的な包括的友好条約へと変えていくことがもとめられます。

先にも紹介したように、日本政府は厳しい財政状況を理由に福祉、医療、介護などの国家予算を削減する一方、米軍・米兵のために大きな家を建てて光熱費を負担し、米軍基地内のゴルフ場といった娯楽施設の従業員の人件費なども支出しています。こうした状況はきわめて問題です。そこでまず着手することは、歴代日本政府が目をつぶってきた、日本全土で日常的に実施されている「低空飛行訓練」、在日米軍人などが殺人、強姦、強盗などの凶悪な犯罪を犯しても【日本での最近のおもな米軍関係犯罪については、資料5】米兵が基地内に逃げ込んでしまえば、日本の警察は手が出せないなど日本の警察権・裁判権が制約されている不平等な「日米地位協定」、さらに「思いやり予算特別協定」といった、まさに植民地なみの極めて不合理な協定の改定をアメリカと交渉すべきです。

南米のエクアドル政府も米軍基地存続を拒否し、来年には撤廃されることが決まっています。私たちは、米軍基地が必ずしも平和と安全をその国の人々にもたらすものではないということをもっと真剣に直視すべきではないでしょうか。また、政治と経済のみに偏りがちな日米関係を見直し、日米のＮＧＯや市民社会が平和問題や環境問題などさまざまな分野で積極的に交流と連携をつくり出していくことも、揺るぎない日米間の信頼関係を構築するには必要不可欠です。そのことによって「日米安全保障条約」は「日米人間の安全保障条約」へと進化しうるのです。

【資料5　日本での最近のおもな米軍関係犯罪】

「〔沖縄での〕米軍の事故・事件は月一〇回程度あり、これでは地元と米軍の関係が緊張する」と仲井真《なかいま》沖縄県知事が述べたように（二〇〇八年5月27日付『琉球新報』）、米軍関係者の引き起こす事件は数多く発生しています。ここでは、ここ数年の凶悪犯罪だけを紹介します。

●二〇〇二年4月　神奈川県横須賀市で米兵に強姦されたオーストラリア人女性が民事裁判。横浜地方裁判所は「女性は多大な精神的損害を被った」として訴えをほぼ全面的に認めました。しかし米兵は一審の審理中に出国し、所在地がわかりません。〇八年5月、民事訴訟の三〇〇万円をアメリカが払わないため、日本政府から見舞い金を受け取ることになりました。

●二〇〇三年5月　米兵が沖縄県金武《きん》町の飲食店にいた女性を外に連れ出し、顔面を殴るなどした上で強姦。

●二〇〇四年8月　沖縄で米軍の軍属が一人暮らしの女性宅に侵入して強姦。

●二〇〇六年1月3日、横須賀市で米兵が女性を殴り殺して現金を強奪。死因は内臓破裂、肋骨も六本折れていました。殺人直後、米兵は奪った金で風俗に行っていました。

●二〇〇七年7月　横須賀で女性二人が米兵に刺されました。

●〃年10月　広島で米兵四人が集団強姦事件。女性の説明にあいまいな点が残るとして広島県警は逮捕を見送り、広島地検は不起訴処分としました。しかし〇八年2月、アメリカの軍法会議にかけられることが決定。米海兵隊兵長については5月9日に岩国の軍法会議で懲役二年と不名誉除隊の判決が言い渡されました。

●二〇〇八年1月　沖縄で米兵が強盗。

●〃年2月　沖縄で米兵が女子中学生を強姦。「誘いに乗った少女が悪い」「深夜徘徊を許す家庭に問題がある」などの報道（〇八年2月13日付『産経新聞』、『週刊新潮』〇八年2月21日号）やネットでの中傷を受けて女子中学生が告訴を取り下げました。そのためにアメリカ兵被疑者は釈放されました。ただし〇八年5月16日、軍法会議でハドナット二等軍曹に対して実刑三年が言い渡されました。

●〃年2月　米兵が沖縄でフィリピン人女性を強姦。

●〃年4月　横須賀基地の米兵が強盗殺人罪で逮捕。

●〃年4月　沖縄で米兵の子ども二人がタクシー強盗容疑で逮捕。

●〃年5月　女性に無理やり抱きつくなどしたとして、強制わいせつ容疑で三沢基地所属の米兵が逮捕。女性が告訴を取り下げたために不起訴処分。

Q. 8

「平和基本法案」でなぜ、「集団的自衛権の禁止」や「非核三原則」などについて定めるのですか？（法案要綱三条関連）

A. 憲法理念を体現した護憲運動の成果を法制化するためです。

自民党中心の政権の下、日本国憲法の平和主義は空洞化されてきました。しかし、9条護憲の意味がまったくなかったわけではありません。護憲運動は歴代政権の防衛政策に対する歯止めの役割を果たしてきました。「集団的自衛権の禁止」「非核三原則」「武器輸出三原則」「海外派兵禁止」「攻撃的兵器の保有禁止」「宇宙開発の平和目的利用」などは憲法9条を具現化させた護憲運動の成果でした。政府は「内閣の政策」として承認せざるをえませんでした。これらの原則は日本および国際社会の平和に重要な貢献をしてきました。そこで、これらの原則は今後も堅持される必要があります。

しかし、二〇〇二年5月31日の「政府首脳」としての談話で福田康夫官房長官（当時）が、「非核三原則は憲法に近いものだからね。しかし、今は憲法改正の話も出てくるようになったんだから、何かが起こったら国際情勢や国民が持つべきだということになるかもしれないよ」と述べたように、あるいはまた二〇〇六年10月、麻生太郎外務大臣（当時）の核保有論議容認発言のように、最近の政治家には軍事に対するタブーがなくなりつつあります。「内閣の政策」にまかせておくだけでは危ない。憲法理念を体現した平和的な政策が時の政府の意思で簡単に変えられないようにするために、これらの基本原則を平和基本法で定めるのです。

Q.9 「集団的自衛権の行使」を、なぜ禁止するのですか？（法案要綱四条関連）

A. 集団的自衛権は違法な軍事活動を「自衛権」の美名で正当化するものだからです。

「自分の国は直接攻撃されていないのに、自国と密接な関係にある国への武力攻撃をみずからに向けられたものと見なし、武力を行使する権利」が「集団的自衛権」です。

日本の歴代政府は「憲法第九条の下において許容されている自衛権の行使は、わが国を防衛する必要最小限の範囲にとどまるべきものであると解しており、集団的自衛権を行使することは……憲法上許されない」（一九八一年5月29日、鈴木内閣答弁書）としてきました。ところが最近、たとえば二〇〇七年4月に安倍首相（当時）の個人的諮問機関として設置された「柳井懇談会」の答申のように、集団的自衛権の行使を認め、海外で武力行使ができるようにするために憲法の解釈を変えようとする政治的な動きがあります。これが、安倍前首相の「戦後レジームからの脱却」の目標のひとつでした。それを裏付けるように二〇〇八年の9月26日、国連総会に出席した麻生首相は記者会見で、憲法の解釈を変えて「集団的自衛権の行使」を認めるべきだと発言しました。

ところで、集団的自衛権はどのような役割を演じてきたのでしょうか。たとえば旧ソ連は、ハンガリー（一九五六年）、チェコスロバキア（一九六八年）、アフガニスタン（一九七九年）に軍事介入を行なって政権を転覆させました。旧ソ連の軍事介入は国連総会でも批判されましたが、旧ソ連政府は「集団的自衛権の行使」としてみずからの軍事介入を正当化しました。ベトナム戦争にアメリカが軍事介入した名目も、「集団的自衛権の行使」でした。このように、集団的自衛権は国際法上違法な侵略戦争、武力行使を正当化する役割を果たしてきました。

また、ミサイル防衛のために集団的自衛権を行使できるようにすべきという主張もなされてきました。しかしミサイル防衛（ＭＤ）は多額の費用をついやすのに効果がなく、それどころか先制攻撃の誘惑とむすびついて近隣諸国に不信感を与え、軍拡競争を生じさせるなど、多くの問題があります。集団的自衛権を認めることは、平和のためになりません。集団的自衛権の行使はいっさい禁止されるべきです。

付けくわえると、イラク戦争に陸上自衛隊を派遣するにあたり、日本の政府は非戦闘地域での兵員の輸送や補給活動は武力の行使と一体化せず、したがって憲法で禁じられた「武力の行使」でも「集団的自衛権の行使」でもないとしてきました。こんな詭弁は国際社会では通用しません。どこで行なうにせよ、戦闘を行なっている軍に対して兵員の輸送や補給活動などを行なうことは「武力の行使」です。そこで「平和基本法」では、実際に武力行使をしている軍隊への補給活動なども集団的自衛権と見なし、すべて禁止されます。

Q.10
なぜ、「核兵器に関する基本原則」を定めるのですか？（法案要綱五条関連）

A．核兵器廃絶のため、日本国内で「国是《こくぜ》」とされてきた非核三原則を完全に実施すること、また国際社会において、核兵器の一刻も早い廃絶のために主導的な役割を演じることを明確にするためです。

核攻撃を受けた唯一の国家である日本は、この痛切な体験をもとに「核兵器を持たず、作らず、持ち込ませず」という「非核三原則」を国是とし、核兵器に対して明確な拒絶の態度を示してきました。少なくとも政府はそのような印象を国民に与えてきました。

ところが実際には「非核二・五原則」と言われるように、日本政府とアメリカのあいだでは「核持ち込みの密約」が交わされ、日本への核兵器持ち込みを黙認してきた事実が明らかになっています【核兵器の持ち込みに関する密約については、資料6】。

一九九五年11月、核兵器使用の違法性を審理する国際司法裁判所での意見陳述のさい、平岡敬広島市長、伊藤一長長崎市長が、ともども「核兵器使用は国際法に反する違法行為である」と明言したのにたいし、日本外務省の代表は「両市長の発言は政府の見解を表明するものではない」と述べました。両市長が「違法」と言わないように、陳述直前まで圧力をかけていたのです。

一方、国際社会の場でも、被爆国である日本はアメリカに追随し、核兵器廃絶をめぐる世界の動きに逆行する対応をしてきました。国連に一九六三年に提出された「核兵器使用禁止条約署名のための会議召集」決議案以後、毎年のように提出されてきた非核決議に対し、日本政府は棄権、反対を繰り返してきました。一九九四年、日本政府は「核兵器の究極的廃絶に向けた核軍縮決議案」を提出する一方、非同盟諸国が提出した「目標期限を設定した核軍縮決議案」に棄権しました。日本案は「究極的」の一語をつけ加えることで、非同盟案の「目標期限」をあいまいにするねらいがありました。

これが被爆国日本政府のとる立場でしょうか。核兵器の悲惨さを日本は不幸にも身をもって体験しました。現在は広島、長崎の原爆とは比較にならないほどの破壊力を持つ核兵器が大量に世界に存在します。こうした核保有国どうしが実際に核戦争を起こせば、勝者はありません。それどころか、人類が生き残れるかどうかの事態も想定されます。被爆国である日本は「核兵器の脅威に対しては、米国の核抑止力に依存」(二〇〇四年、新防衛計画の大綱)すべきではありません。核兵器に関してもなされた歴代自民党政府による二枚舌政策は完全に放棄されるべきです。核廃絶のため、日本国内で「国是《こくぜ》」とされてきた非核三原則を完全に実施すること、そして国際社会では、核兵器の一刻も早い廃絶のために主導的な役割を果たすべきです。

「平和基本法」を受けて、さらに個別法としての「非核法」の制定がめざされます。また、対外的には「東北アジア非核地帯設置条約」の締結に着手します。「南太平洋非核地帯条約（ラロトンガ条約）」、「東南アジア非核兵器地帯条約（バンコク条約）」、「ラテン・アメリカ及びカリブ地域における核兵器禁止条約（トラテロルコ条約）」、「モンゴル非核兵器地帯地位」など、すでに核兵器の開発、製造、取得などが禁止された地域があります（核兵器禁止条約などの状況についてはNPO法人ピースデポ編著『イアブック　核軍縮・平和2007』［発売・高文研］所収の「世界の非核兵器地帯」を参照）。

「東北アジア非核地帯設置条約」は日本の非核三原則の対外公約としての意味をもつだけでなく、朝鮮半島の非核化を実現させ、日本および国際社会の平和にもよい影響をもたらします。「東北アジア非核地帯設置条約」交渉にはさまざまな困難が伴うことが予想されます。しかし一九八〇年代のヨーロッパでの「中距離核戦力（INF）全廃交渉」も紆余曲折の末、核ミサイルは廃絶され、INF条約は冷戦終結の合図ともなりました。「東北アジア非核地帯設置条約」の締結は決して夢物語ではありません。

【資料6　核兵器の持ち込みに関する密約について】

池田首相訪米前にアメリカ国務省の作成した内部文書（一九六一年6月14日付）「日本との条約上の取決によれば、核兵器が日本へ『持ち込まれる（introduced）』前には公式の協議が必要とされている。しかし実際には、日本政府は、日本を通過する艦船と航空機に積載された兵器については関知するところではないと秘密裏に合意してきた」。※詳細は、前田哲男・飯島滋明『国会審議から防衛論を読み解く』（三省堂、二〇〇三年、三七一―二頁）。

Q.11 なぜ、「武器輸出に関する基本原則」を定めるのですか？

（法案要綱六条関連）

A. 国際社会での紛争をなくすためには武器の製造・輸出等をなくすことが必要であり、そのために日本が積極的な役割を果たすことを明確にするためです。

「人間の安全保障」という思想の創始者のひとりであり、二〇〇一年に創設された「人間の安全保障委員会」の議長で、アジアではじめてノーベル経済学賞を受賞したアマルティア・センはこういっています。

「小型武器と兵器のグローバル化した取引に大国が関与している問題です。これは世界的な取り組みが緊急に求められている分野であり、テロ防止の必要性――きわめて重大な必要性ですが、現在はテロ対策にあまりにも集中しています――以上に緊急性を要するものです。……破壊的な結果をもたらす局地的な戦争や軍事紛争は、地域的な緊張関係によって起こるだけではなく、世界的な武器取引によっても誘発されます」（アマルティア・セン『人間の安全保障』〔集英社新書、二〇〇六年〕六二―三頁）。

紛争を起こしている国の多くは近代兵器を自国で生産する能力がなく、武器を先進諸国――アメリカ、イギリス、フランス、ロシア、中国など国連安全保障理事会の常任理事国――から購入しています。とすれば、武力紛争が起こったときに正義の名のもとに軍隊を送る先進国の行為は、マッチ・ポンプといわなければなりません。

何よりも、武力紛争を起こしている国へ武器を輸出させないことが紛争防止の先決要件です。カンボジアの内戦でも、たしかにカンボジア人が紛争当事者ではありましたが、彼らが使っていたのはカンボジア製の武器ではなく、すべてソ連、中国、米国製などの武器でした。二〇〇一年9月11日のテロを非難する人は、タリバンに武器を供与してきたのがほかならぬアメリカであった事実を知らなければなりません。

紛争の現実に冷静に目を向ければ、武器があるから平和が擁護されるのではなく、武器があるから平和が破壊されることが明らかになります。そして、武力紛争の犠牲者の多くは子どもや女性などの非戦闘員であり、紛争で亡くなる人の九割は小型武器によると言われています。そのためにアナン元国連事務総長は「小型武器」を「もう一つの大量破壊兵器」とさえ呼びました。こうした小型武器や地雷、クラスター爆弾など、非戦闘員が多く犠牲となる非人道的兵器はただちに製造じたいも禁止されるべきです。

日本では一九六七年に佐藤首相が「武器輸出三原則」を打ちだし、一九七六年には三木首相が「新武器輸出三原則」を閣議決定したことで、事実上いっさいの武器輸出が禁じられました。ところが一九八三年、中曽根内閣時代になって、「武器輸出三原則」をかいくぐって「米国に武器技術を供与する途《みち》を開く」こととされました。そうした流れは「ミサイル防衛」に向けた迎撃ミサイルの共同開発にまで拡大しています。世界最大の武器生産国で、輸出国でもあるアメリカに武器技術輸出を解禁しながら「武器輸出三原則」を口にするなどナンセンスです。

こうした動きこそ、世界の平和と安全の動きに逆行するものです。今後も日本は「武器輸出三原則」を厳守し、外国にも武器輸出の禁止を主体的かつ積極的に働きかけることが必要です。その原則を「平和基本法」に規定しておくことは不可欠です。

Q.12 なぜ、「平和基本法案」で「宇宙空間の平和的利用の原則」を定めるのですか？（法案要綱七条関連）

A. 「わが国における宇宙の開発及び利用の基本に関する決議」（一九六九年5月9日衆議院本会議）を厳格に遵守し、宇宙での軍拡競争に歯止めをかける役割を国際社会で主体的かつ積極的に果たすことを明確にするためです。

「軍拡競争の宇宙への拡大が、ここ数年の軍拡計画の中核となっている」とノーム・チョムスキーが述べているように（ノーム・チョムスキー『覇権か、生存か――アメリカの世界戦略と人類の未来』集英社新書、二〇〇四年、三一九頁）、軍拡の波は宇宙にも及んでいます。

一九六九年5月9日、衆議院本会議で「わが国における宇宙の開発及び利用の基本に関する決議」が議決されました【資料7】。この決議以降、宇宙開発の平和目的限定＝軍事利用禁止が日本の「国是《こくぜ》」となりました。

ところが二〇〇七年6月、与党から宇宙の平和的利用を空洞化する「宇宙基本法案」が国会に提出され、なんとこの法案は〇八年5月、衆議院で二時間、参議院で二時間、合わせてたったの四時間の審議で成立したのです。

この宇宙基本法は、「国は、国際社会の平和及び安全の確保並びに我が国の安全保障に資する宇宙開発を推進するため、必要な施策を講ずるものとする」（法14条。傍点は筆者）とされ、宇宙の軍事利用に途《みち》を開く内容となっています。この法律は「日米ミサイル防衛共同開発」とリンクしたものですが、アメリカのミサイル防衛開発・配備のための宇宙の軍事利用はロシアや中国に警戒感をもたらし、新たな軍拡競争の火種となっています。

人類の共通財産であり、夢の空間である宇宙を戦塵にまみれさせてはなりません。宇宙基本法をただちに廃止する必要があります。そして、宇宙での軍拡競争にも歯止めをかける役割を国際社会で積極的に果たすことが、平和国家日本のあるべき姿です。

【資料7 「わが国における宇宙の開発及び利用の基本に関する決議」（一九六九年5月9日、衆議院本会議）】

「わが国における地球上の大気圏の主要部分を超える宇宙に打ち上げられる物体及びその打ち

上げ用ロケットの開発及び利用は、平和の目的に限り、学術の進歩、国民生活の向上及び人類社会の福祉をはかり、あわせて産業技術の発展に寄与するとともに、進んで国際協力に資するためこれを行なうものとする。」

Q.13 「平和基本法案」にある「国土警備隊」は、どのような任務をもつのですか？（法案要綱九条関連）

A. 主権侵害行為などに対応します。

自衛隊を縮小・再編して、純粋に防備専一の非攻撃的な国土警備隊とします。非攻撃的防衛を基本政策として採用し、特に東アジアでの信頼醸成を活性化しつつ、それが達成されるまでのあいだ、国土警備が可能な能力を保持します。また、国土警備隊は海上保安庁や警察などと協力しつつ、国内のテロなどにも対処します。

Q.14 国土警備隊は、どのような組織なのですか？（法案要綱九条関連）

A．非攻撃的防衛力＝最小限防御力としての国土警備隊は、保安隊（Constabulary）と沿岸警備隊（Coastguard）で構成され、日本の主権のおよぶ領域内に活動や装備を限定されます。両組織の要員は志願者をもって充足され、国家公務員として処遇されます。

ふたたび強調しますが、この組織は軍隊ではなく、現在の自衛隊ともちがいます。国際法上の軍隊とはことなる任務・組織で明確に区別され、国土が外部から侵略されたとき以外には行動できません。もとより「戦力」ではなく「交戦権」もありません。隊員も強制的に徴兵されるようなことはなく、警察官や海上保安官と同じ公務員です。

武器は持ちますが、ジュネーブ条約にいう兵士、すなわち「交戦者の資格」がないので国外では行動できません。例をあげるとコスタリカの警備組織のようなものです。

よく知られているように、コスタリカも憲法で軍隊の保有を禁止しています。しかしこの国では「民間防衛隊」（Civil Guard）四四〇〇人、「国境保安警察」（Border Security

Police）二〇〇〇人、「海上監視部隊」（Maritime Surveilance Unit）三〇〇人、航空監視部隊（Air Surveilance Unit）三〇〇人、「地域防衛隊」（Rural Guard）など二〇〇〇人からなる「準軍隊」合計八四〇〇人が保有されています（『ミリタリーバランス二〇〇七』）。人口約四〇〇万人の国なので小さくはありません。もちろん武装していますが、「コスタリカには軍隊がある」などという人はいないでしょう。「国土警備隊」もそのような組織だと理解してください。

Q.15 国土警備隊は、どのような装備を持つのですか？（法案要綱九条関連）

A. 国土警備隊は「最小限防御力」に限定された装備を持ちます。

「最小限防御力」としての非攻撃的防衛は、外部からの攻撃には徹底した防御の態勢をとりながらも、他国を攻撃できないように装備が限定された防衛です。とくに日本は島国であり、この地理的条件を生かして非攻撃的防衛を実践できます。自衛隊の装備から「渡

洋能力」を有するもの、たとえばイージス艦やF15戦闘機、空中給油・輸送機などを除外することで、攻撃性のない防衛力専一であることをしめします。

「ジュネーブ条約」では、「軍隊」とはべつの組織として「準軍事的な又は武装した法執行機関」が認められています。たとえば「国境警備隊」、「武装警察」、「沿岸警備隊」、「警察機動隊」や「対テロ特殊部隊（SAT）」がそれに該当します。これらの組織は、軍隊とは異なる指揮・管轄下（日本では総務省や国土交通省）に置かれ、平時には国内の治安維持と国境・領海警備に当たります。日本の警察機動隊は装甲車や機関銃を保有しており、「準軍事的な又は武装した法執行機関」といえます。この警察機動隊は鎮圧組織ではあっても、「陸海空軍その他の戦力」に該当するわけではありません。

同様の「準軍事力」概念は「国連海洋法条約」（一九九四年11月14日発効）でも認められています。そこでは「軍艦」と「政府船舶」が別々に規定されており（95条、96条）、いずれにも「臨検の権利」や「追跡権」、「拿捕《だほ》」、さらには「武器の使用」ないし「威嚇・破壊・攻撃」などの強制措置が認められます。しかし「政府船舶」の場合、「自国領域に対する主権侵害行為排除」のための実力とみなされ、侵略や戦争とはみなされません。日本では「海上保安庁」の巡視船艇がこれに該当します。

自衛隊法より先に制定された海上保安庁法（一九四八年）では、「この法律のいかなる規定も海上保安庁又はその職員が軍隊として組織され、訓練され、又は軍隊の機能を営むことを認めるものとこれを解釈してはならない」（25条）と規定されています。海上保安庁が憲法で禁止された軍隊と考える国民はほとんどいないでしょう。また、海上保安庁の巡視船の多くは護衛艦が装備する機関砲を保有していますが、こうした「最小限防御力」を憲法9条違反とはいえないでしょう。（「非攻撃的防衛」の理論に関しては、児玉克哉・ウィベリー－ホーカン編『新発想の防衛論』〔大学教育出版、二〇〇一年〕も参照）

Q.16 平和待機隊は、どのような任務を持つのですか？（法案要綱一〇条関連）

A. 「人間の安全保障実行活動」「地域的共同警察活動」「国連などの要請に基づく平和活動」を行ないます。それぞれの任務については続いて紹介します。

Q.17 「人間の安全保障実行活動」とは、どのような任務ですか？（法案要綱一〇条3項一号関連）

A. 非軍事的な「人間の安全保障」を実行する活動です。

一九九四年、「国連開発計画（UNDP）」は「人間の安全保障」という考えを打ち出しました。貧困、飢餓、病気、環境など、個人の安全を脅かす脅威に対応すべきという考え方です。二〇〇一年9月11日の同時多発テロの日ですらテロ被害者（約三千人）以上の人がHIV／エイズで死んでいると指摘されているように（アマルティア・セン『人間の安全保障』集英社新書、二〇〇六年、九頁）、国連エイズ合同計画（UNAIDS）などの統計によれば、二〇〇七年にも推定二〇〇万人もの人がHIV／エイズで亡くなっています。ユニセフによれば、HIV／エイズで命を落とす子どもは年間およそ三八万人、一分間に一人の割合、マラリアによる子どもの死者は年間およそ一〇〇万人、五歳にならずに命を落とす子どもは年間九七〇万人にもなります。

こうした状況を克服するため、貧困、飢餓、教育、ジェンダー、HIV／エイズ、環境、医療といった人間の生存に関わる問題解決の数値目標をかかげた国連ミレニアム開発目標（MDGs）が二〇〇〇年の「国連ミレニアム総会」で採択されました。日本政府も国連ミレニアム総会で「人間の安全保障」を外交の柱にすると宣言しました。そして実際に「人間の安全保障基金」を立ち上げ、世界各地で非軍事的人道支援事業、復興支援事業を財政的に支援しています。

こうした外交方針の日本での実行部隊が「平和待機隊」です。「平和を維持し、専制と隷従、圧迫と偏狭を地上から永遠に除去しようと努めている国際社会において、名誉ある地位を占め」ることを決意し、「全世界の国民が、ひとしく恐怖と欠乏から免かれ、平和のうちに生存する権利を有することを確認」すると明言する憲法をもつ日本こそ、「人間の安全保障」を実行するにふさわしい国家なのです。人道復興支援や開発の分野でこそ、日本は主体的かつ積極的な国際貢献を行ない、「国際社会において、名誉ある地位」を占めるべきです。

とりわけ「地雷撤去活動」は平和待機隊の主たる活動の一つとなります。カンボジア、アンゴラ、旧ユーゴ等、世界には約八千万～一億二千万個の地雷が放置されているといわれます。対人地雷で生命や足を失う人は後を絶ちません。「悪魔の兵器」といわれる地雷はまぎれもなく「人類の敵」です。そこで「平和待機隊」は地雷撤去活動を最重要活動の一つとします。自衛隊は地雷撤去に関しては高い技術を有しています。その自衛隊が再編された平和待機隊は、地雷撤去にも高い貢献が期待できます。そして、地雷撤去活動と同時に地雷警戒教育、地雷撤去訓練、義手義足等の製作技能訓練等の活動も行ないます。

Q.18 「地域的共同警察活動」とは、どのような任務ですか？（法案要綱一〇条３項二号関連）

A. 近隣諸国と連携して海外での犯罪などに対処する活動です。

近年アジア地域で頻繁に出没する海賊は、日本への海上輸送の安全をおびやかすばかりでなく、アジア地域全体の社会の安定と経済の発展に大きな脅威となっています。密輸、密航の横行も、正常な経済活動や社会をおびやかす要因となります。

こうした海賊、密航、密貿易などに、東アジア諸国と連携しながら対応する地域的共同警察活動も、平和待機隊の任務となります。日本、中国、韓国、シンガポール、フィリピン、インドなど一四カ国が参加する「アジア海賊対策地域協力協定」が二〇〇六年9月に発効、「海賊情報共有センター」が設置されてマラッカ海峡などで海賊対策がとられています。日本は巡視艇三隻を提供しています。こうした活動も地域的共同警察活動の内容となります。

そこでは、海賊と相対した場合などに小型武器の使用もありえます。しかし、それはあくまで「海上保安活動」の枠内であり、軍隊による「集団的自衛権行使」とは異質のものです。武器の使用も「警察比例の原則」（警察は必要最小限の範囲でしか武器を使用できないという原則）により規制されるので、軍事の論理とはことなります。

Q.19 「国連の要請に基づく平和活動」とは、どのような任務ですか？

（法案要綱一〇条3項三号関連）

A. 非軍事的な国際貢献のための活動です。

国連などの要請がある場合、国連ＰＫＯなどにも積極的に参加します。もっとも、国連などの要請があればどのような活動でも従事するわけではありません。憲法9条では、「国際紛争を解決する手段」として「国権の発動たる戦争と、武力による威嚇又は武力の行使」が禁じられています。かりに民主的に構成された国連のもとであっても、国連軍の「武力の行使」に関与することは憲法上いっさい許されません。

「人道的介入」「テロとの戦い」などの名目でアメリカなどは武力を行使しましたが、そのたびに子どもや女性、老人など多くの民間人死傷者や難民が生みだされてきました。武力の行使は国際社会の真の平和をもたらさないということはつねに念頭に置かれるべきです。

平和基本法の想定する紛争中の平和待機隊の任務は、たとえば朝鮮戦争のさいにノルウェーやデンマーク、スウェーデンが医療などの支援を行なったような非軍事的な活動です。紛争中に被害を受けた民間人や難民に対する医療、給水や食糧支援などが任務となります。そうした非軍事的活動に従事するため、武器を携帯する必要もありません。国連軍が結成され、武力の行使がなされたとしても、「国際の平和及び安全の維持に貢献するため、すべての国際連合加盟国は……必要な兵力、援助及び便益を安全保障理事会に利用させることを約束する」（傍点、執筆者）という国連憲章43条を根拠に、日本は兵力の提供ではなく非軍事的活動にのみ関与するとの立場をとれます。

Q 20 災害救助隊は、どのような組織ですか？（法案要綱一一条関連）

A. さまざまな災害に迅速・適切に対処するための組織です。

現在の自衛隊部隊の一部を、大型地震、台風、津波、火山の噴火等の「自然災害」、有毒ガス、化学工場の爆発等の「特殊災害」、および航空機事故、大規模火災、戦争といった「人為災害」に対処する組織に再編します。

予想されている東海地震、東南海地震、南関東地震等の自然災害は、明らかな脅威です。こうした脅威に軍事力は役に立ちません。自衛隊が国民に支持されているのは災害救助活動ですが、災害救助に銃や戦闘機や戦車は無用です。

そこで自衛隊を災害等に迅速かつ効率的に対処できる組織に再編します。そして国内だけでなく、世界各地での災害等に応《こた》えられるようにもします。

「災害救助隊」は現在の「国際緊急援助隊」を常設化させて拡充するもので、ＪＩＣＡ《ジャイカ》（国際協力機構）や各種ＮＧＯと協力しながら迅速かつ効率的に災害に対処できるようにします。なお、さまざまな災害に対応できるようにするため、「災害救助隊」には語学研修、他国の文化の学習、各国の災害救援との協同システム研究も必要です。

Q.21 平和待機隊と災害救助隊は、どのように役割分担をするのですか？

A. 両者はともに緊密に連携をとって活動しますが、「緊急の段階」では災害救助隊が、「復興の段階」「開発の段階」では平和待機隊が主に対応します。
「自然災害」、「人為災害」、「特殊災害」に対する国際協力・援助の場面では、「緊急の段階」「復興の段階」「開発の段階」という、連続する三つの段階が想定されています。平和待機隊と災害救助隊は海外での災害の際に密接に協力・連携しますが、災害直後など、緊急に人命を救う必要がある「緊急の段階」では災害救助隊が主に活動します。

そして、災害が比較的安定した「復興の段階」や「開発の段階」では、平和待機隊が「人間の安全保障実行活動」を実施します。

医療を例に挙げると、緊急の段階では災害救助隊が負傷者等の治療に対応します。その後、災害等の緊急事態が収まっても、疾病《しっぺい》や衛生状態への対策は必要です。そこで、病院の建設、医師や運営に携わる病院のスタッフの教育、病気にならないための「公衆衛生」、その前提としての教育などを平和待機隊がＮＧＯなどと密接に連携をとりながら行なうことになります。

Q.22 国土警備隊、平和待機隊、災害救助隊は、どのように指揮・統括されるのですか？（法案要綱一二条関連）

A. シビリアン・コントロール（文民統制）を徹底するため、おもに国会が厳格に統制することが明確にされます。

日本には満州事変（一九三一年）、盧溝橋事件（一九三七年）といったように、政府の意向とは無関係に軍が独走し、日本を戦争に導いた事実があります。現在でも、イラクに派兵された陸上自衛隊の隊長が「イラクでオランダ軍が攻撃を受ければ、自衛隊は情報収集名目で駆け付けて戦闘に巻き込まれるつもりだった」と発言したように、軍が国民意思と無関係に日本を戦争に巻き込む危険性はけっして過去の話ではありません。シビリアン・コントロール（文民統制）には、とりわけ関心が払われる必要があります。

ところで、シビリアン・コントロール（文民統制）とは何でしょうか。国会での議論、あるいはマスコミなどでは、①自衛隊の背広組が制服組を統制する、②防衛大臣あるいは内閣総理大臣が自衛隊を統制する、③「国権の最高機関」（憲法41条）である国会が自衛隊を統制する、④自衛隊法で「自衛隊の最高の指揮監督権」を有する「内閣総理大臣」（自衛隊法7条）を国会が統制する、という四つの意味で使われています。

まずは右の②の意味でのシビリアン・コントロール（文民統制）が必要との観点から、「平和基本法案要綱」では内閣総理大臣や安全保障大臣が国土警備隊や平和待機隊、緊急救助隊を統括、指揮すると定めます。ただし一九六〇年、日米安保条約の改定をめぐって国民の大抗議運動が起こったさい（六〇年安保闘争）、国会を取りかこむ市民を鎮圧するため、岸首相が自衛隊に治安出動を命じたように、武力組織の最高指揮者じしんが暴走する可能性もあります（実際は赤城防衛庁長官などの反対があり出動しなかった）。

そもそも歴史的経緯からすれば、民衆が軍隊を統制すること、制度的には国民の代表者で構成される議会が軍隊を統制することが、本来のシビリアン・コントロール（文民統制）でした。したがって、先の四項のうち③や④の意味でのシビリアン・コントロール（文民統制）の確保がもっとも重要です。平時でも、定員、予算、装備、行動など、国土警備隊、平和待機隊、災害救助隊に関する重要な事項については国会の承認が必要です。さらに、内閣総理大臣が国土警備隊や平和待機隊に武器を使用する可能性のある行動を命じるさい、国会がその是非について関与することが必須《ひっす》となります。

ただ、議院内閣制のもとではふつう首相は国会での多数派から選ばれるので、国会承認の要件を過半数にしたのではチェック機能が有効に働かない可能性があります。そこで国会承認の要件としては、たとえばドイツの「防衛事態の確認」にならい、「連邦議会議員の過半数かつ投票の三分の二以上」（ドイツ連邦共和国基本法一一五a条）に類する高いハードルが必要となります。日本への真の主権侵害行為ならば多くの議員も賛成し、こうした要件を満たすことができるでしょう。逆に、こうした要件を満たせないのであれば、内閣総理大臣の命じた措置が必要とされていない可能性が高いといえます。なお、措置の廃止の決議は通常のように過半数でよいと思われます。

＊　　　＊

以上、平和基本法案要綱について、Ｑ＆Ａの形式で解説しました。細部にわたってはまだ多くの疑問があるかと思いますが、平和基本法はあくまでも「基本法」であり、日本国の外交及び安全保障に関する基本的理念及び基本となる事項を定めるもので、それを政策化し、実現・実施してゆくためには、別途、それぞれの事項ごとに個別法を定めることが必要になります。法案一三条に示したとおりです。

この本のなりたち

「平和基本法」制定を！ が提案されるのは、今回が初めてではない。基本的な問題意識と枠組みは、雑誌『世界』に掲載された二つの共同提言――「平和基本法をつくろう」（一九九三年四月号）と「憲法9条維持のもとで、いかなる安全保障政策が可能か」（二〇〇五年六月号）において、すでになされている。発表当時の提言を目にされた読者もいると思う。本書はそれを受け継ぐものである。

過去二度の「共同提言」に名をつらねた前田が、「対抗構想」の提示にとどまらず、もう一歩踏みこんだ「対抗政策」に練りあげる必要があるのでは、と考えていた折、「フォーラム平和・人権・環境」から提案があり、「第三次提言」に向けた勉強会の発足となった。

執筆者四人が本格的な討論を開始したのは〇五年七月からである。今回は、平和学、憲法学、国際NGO、ジャーナリストという学際的な共同作業となり、かつ年齢も三〇～四〇代中心に若返った。とはいえ、第一次、第二次提言の恩恵を受けているのはいうまでもなく、ここで『世界』の遺産に改めて謝意を表したい。

共同作業といっても、前田は埼玉、児玉は津、飯島は名古屋（飯島は途中までは東京）、ピースボートの吉岡は世界各地（?）といった仕事環境の都合で、全員そろって議論した機会は数えるほどしかない。しかしインターネットのおかげで意思の疎通に問題はなく、電子空間を通じ絶え間ない意見のやりとりを行なった。

そうした四人の議論をへて、第Ⅰ章は前田が、第Ⅱ、Ⅲ章は飯島がまとめたが、出来あがった本書は、「第8稿」目にあたる。この段階でも、執筆者間の見解の差が完全に埋められたわけではない。だが、全員腹蔵なく意見を出し合い、安易に妥協することのない相互批判を行なったうえで、とりあえず、ここに提出する「もう一つの安全保障への道」に到達した。したがって、本書を「議論をはじめる場」として受けとめてほしい。

また、原稿を作り上げてゆく過程では、本書の企画・編者となった「フォーラム平和・人権・環境」の福山真劫事務局長、藤本泰成副事務局長、五十川孝事務局次長が、本書の「最初の読者」として、随時、討議に加わり意見を出した。もとより文責は筆者らのみに属するが、このことも付記しておきたい。

最後に、個人的な感想を付け足すと、前田にとって「安全保障のオールタナティブ」というテーマは、八二年刊行の『日本防衛新論』（現代の理論社）以来――大げさにいうと執念と格闘の産物でもある。その後、『武力で日本は守れるか』（84年、高文研）、『自衛隊をどうするか』（92年、岩波新書）などを書いて「9条具現化」への対抗構想・政策の必要性を論じてきたが、思うに、今ほど、それが求められ、また現実的になった時代はない。その提案が、ふたたび梅田正己さんの手で「高文研」から出版されるめぐりあいもうれしい。編集の真鍋かおるさんにも、心よりお礼を申し上げる。

二〇〇八年8月30日

執筆者を代表して

前田　哲男

フォーラム平和・人権・環境
通称は平和フォーラム。憲法擁護国民連合、原水爆禁止日本国民会議などが21世紀を前にした1999年に合同して発足。「人間の安全保障」のとりくみを推進している。

前田哲男（まえだ てつお）
1938年生まれ。ジャーナリスト（軍事・核・太平洋問題）。近著『「従属」から「自立」へ―日米安保を変える』（高文研）『自衛隊 変容のゆくえ』（岩波新書）『戦略爆撃の思想』（凱風社）『現代の戦争』（岩波小辞典）など

児玉克哉（こだま かつや）
1959年生まれ。三重大学人文学部教授。編著書『新発想の防衛論』（ホーカン・ウィベリーとの共編、大学教育出版社）『はじめて出会う平和学』（児玉克哉他、有斐閣）など

吉岡達也（よしおか たつや）
1960年生まれ。ピースボート共同代表。９条世界会議共同代表も務める。著書『旧ユーゴ紛争―殺し合う市民たち』（第三書館）『９条輸出せよ！』（大月書店）など

飯島滋明（いいじま しげあき）
1969年生まれ。名古屋学院大学講師。編著書『国会審議から防衛論を読み解く』（前田氏と共編、三省堂）など

９条で政治を変える　**平和基本法**

●二〇〇八年一〇月二五日――――第一刷発行
●二〇〇九年　九　月一八日――――第二刷発行

フォーラム平和・人権・環境＝編
前田哲男・児玉克哉・吉岡達也・飯島滋明＝著

発行所／株式会社 高文研
東京都千代田区猿楽町二―一―八
三恵ビル（〒一〇一＝〇〇六四）
電話　03＝3295＝3415
振替　00160＝6＝18956
http://www.koubunken.co.jp

組版／株式会社Web D（ウェブ・ディー）

印刷・製本／シナノ印刷株式会社

★万一、乱丁・落丁があったときは、送料当方負担でお取りかえいたします。

ISBN978-4-87498-411-6 C0036